Diethard Lübke

Wortschatz Deutsch

Learning German Words

**VERLAG FÜR
DEUTSCH**

Das Werk und seine Teile sind urheberrechtlich geschützt.
Jede Verwertung in anderen als den gesetzlich zugelassenen
Fällen bedarf deshalb der vorherigen schriftlichen
Einwilligung des Verlages.

| 4. 3. 2. 1. | Die letzten Ziffern |
| 2001 2000 1999 98 | bezeichnen Zahl und Jahr des Druckes. |

Alle Drucke dieser Auflage können, da unverändert,
nebeneinander benutzt werden.

1. Auflage R
© 1998 VERLAG FÜR DEUTSCH
Max-Hueber-Str. 8, D-85737 Ismaning
Layout und Umschlagentwurf: Peer Koop
Fotos: Bert A. Woodward
Satz: Sabine Berr
Druck: Druckerei Schoder, Gersthofen
Printed in Germany
ISBN 3-88532-620-5

Foreword

Wortschatz Deutsch – Learning German Words is a learning aid that will
be a considerable help to you as you learn German:
1. A big dictionary, such as the German Wahrig, contains more than
   100,000 words. It is quite impossible to learn them all. Wortschatz Deutsch
   contains only those German words that are used in modern German,
   the German that everyone speaks.
2. Have you ever tried learning words from an alphabetical list? If you
   have, you will know how hard it is. It is much easier to learn words that
   belong to the same topic area: traffic, pedestrian, bicycle, car, taxi, bus,
   truck ... This is why this learner's dictionary doesn't contain alphabetical
   lists, but topic-based lists instead. If you want to look up a particular
   word, you can do so with the help of the two indexes at the back of the
   book.
3. Learning individual words is useful; but it is much more useful to
   learn how words are used, because you want to use them when you speak,
   discuss things or write texts in German. To show you the correct use
   of a word, examples, expressions and collocations have been included in
   a special third column.

This is how to use this learner's dictionary:
Each page has three columns
– the German words on the left
– the English translation in the middle
– German examples on the right.
In the third column on the right, the German vocabulary item
is replaced with a tilde.

This layout makes it possible to learn the words like this:
First you read the vocabulary items carefully through, then ...
1. cover up the English translations with a sheet of paper and say the
   meaning of the German words from memory.
2. cover up the left-hand column, read the English translations and
   say the German words from memory.
3. cover up the left-hand column and say aloud the examples in the
   third column, where the German vocabulary item is replaced by a tilde.

This is the most effective way of learning words and the way they are used.

Vorwort

Wortschatz Deutsch – Learning German Words ist ein Hilfsmittel, das das Lernen der deutschen Sprache wesentlich erleichtert:
1. Ein großes Wörterbuch, zum Beispiel der *Wahrig*, enthält mehr als 100 000 Wörter. Es ist ganz unmöglich, alle zu lernen! *Wortschatz Deutsch* enthält nur die deutschen Wörter, die zum modernen Deutsch gehören, das jedermann verwendet.
2. Haben Sie schon einmal versucht, Vokabeln nach einer alphabetischen Liste zu lernen? Dann wissen Sie, dass das große Mühe macht! Es ist viel einfacher, immer die Wörter gemeinsam zu lernen, die zum selben Sachgebiet gehören: Verkehr, Fußgänger, Fahrrad, Auto, Taxi, Bus, Lkw ... Aus diesem Grund enthält dieses Lernwörterbuch keine alphabetischen Listen, sondern Sachgebiete. Wenn Sie ein einzelnes Wort suchen, helfen Ihnen die beiden Register am Ende weiter.
3. Einzelwörter zu lernen ist schon ganz gut; wenn man den Gebrauch der Wörter lernt, ist das viel besser, weil Sie ja die Wörter beim Sprechen, Diskutieren und Verfassen deutscher Texte verwenden wollen. Um Ihnen zu verdeutlichen wie man ein Wort richtig gebraucht, wurde eine dritte Spalte eingefügt, die Beispiele, Ausdrücke und Wortverbindungen enthält.

So verwenden Sie dieses Lernwörterbuch:
Sie finden auf jeder Seite drei Spalten:
– links die deutschen Vokabeln
– in der Mitte die englische Übersetzung
– rechts die deutschen Beispiele.

In der dritten Spalte wird die deutsche Vokabel immer durch eine Tilde (~) ersetzt.

Diese Anordnung erlaubt Ihnen, so die deutschen Vokabeln zu lernen:
Zunächst lesen Sie aufmerksam die Vokabeln durch, dann ...
1. verdecken Sie die englischen Wörter mit einem Blatt Papier und sagen aus dem Gedächtnis die Bedeutung der deutschen Vokabeln.
2. verdecken Sie die deutschen Vokabeln links und wiederholen aus dem Gedächtnis, indem Sie auf die englischen Wörter sehen.

3. verdecken Sie die deutschen Vokabeln in der linken Spalte und lesen – laut – die Beispiele der dritten Spalte vor, wo die deutschen Vokabeln durch eine Tilde ersetzt worden sind.

Dies ist die wirksamste Methode Wörter und Wortgebrauch zu lernen.

Diethard Lübke

Inhalt

Vorwort

Nicht verwechseln!

Allgemeine Begriffe
1 Nomen, Verben
2 Pronomen

Der Mensch
Körper
3 Kopf, Gesicht
4 Ohr
5 Nase
6 Auge
7 Farben
8 Mund
9 Haare
10 Körper
11 Organe
12 Gliedmaßen
13 Körperpflege
14 Schlafen
   Test

Ernährung
15 Essen
16 Brot, Gebäck
17 Fleisch, Geflügel
18 Fisch
19 Gemüse
20 Obst
21 Nachtisch, Süßigkeiten
22 Getränke
23 Geschmack
24 Küche
25 Geschirr
26 Restaurant
27 Rauchen
   Test

Gesundheit, Krankheit
28 Gesundheit
29 Krankheit
30 Erkältung, Verletzung
31 Arzt, Krankenhaus
32 Apotheke
   Test

Kleidung
33 Kleidung (I)
34 Kleidung (II)
35 Anziehen, ausziehen
36 Wäsche
37 Nähen
38 Schmuck
   Test

Wohnen
39 Wohnort
40 Haus
41 Tür, Fenster
42 Wohnung
43 Möbel
44 Heizung
45 Haushalt
46 Hausbau
47 Mieter
48 Brand, Feuerwehr
   Test

Seelischer und geistiger Bereich, Gefühle
49 Charakter
50 Angenehme Gefühle
51 Unlustgefühle
52 Gefahr
53 Angst, Mut
   Test

Moral, Religion
54 Moral
55 Religion
56 Kirche
   Test

Wille
57 Entschluss
58 Bitte, Befehl
59 Zustimmung, Gehorsam
60 Ablehnung
   Test

Denken
61 Geist
62 Aufmerksamkeit, Interesse
63 Meinung
64 Beweis
65 Zweifel
66 Erklärung
67 Bedingung, Folgerung
68 Vergleich
69 Regel, Ausnahme
   Test

Sprache
70 Sprache
71 Sprechen
72 Frage, Antwort
73 Bejahung, Verneinung
74 Mitteilung
75 Übertreibung
76 Wahrheit sagen, lügen
77 Geheimnis
78 Diskussion
79 Telefon
80 Schreiben
81 Briefwechsel
82 Text, Lesen
83 Zeitung
   Test

Gesellschaft
Privatleben
84 Personalien
85 Lebenslauf
86 Tod
87 Hochzeit
88 Familie
89 Bekannte, Zusammensein
90 Begrüßung, Abschied
91 Gutes Benehmen
92 Schlechtes Benehmen
93 Sympathie
94 Liebe
95 Abneigung
96 Streit, Wut
97 Rache, Verzeihung
98 Ansehen
   Test

Öffentliches Leben
99 Staat
100 Regierungsformen
101 Parlament, Regierung
102 Parteien
103 Verwaltung
104 Ausland
105 Militär
106 Bewaffnung
107 Krieg
108 Verbrechen
109 Polizei
110 Gericht
111 Urteil
    Test

Arbeitswelt, Freizeit
Schulwesen
112 Schule
113 Prüfung
114 Universität
    Test

Beruf
115 Beruf
116 Arbeitgeber, Arbeitnehmer
117 Arbeit
118 Anstrengung, Erholung
119 Zusammenarbeit
120 Erfolg, Misserfolg
Test

Wirtschaft
121 Produktion
122 Technik, Werkzeuge
123 Rohstoffe
124 Energie
125 Handel
126 Geschäft
127 Verpackung
128 Gewicht
129 Preis
130 Geld
131 Einkommen
132 Besitz
133 Armut
134 Geben, nehmen
Test

Verkehr
136 Verkehr
137 Auto fahren
138 Panne, Unfall
139 Schienenverkehr
140 Luftverkehr
141 Schifffahrt
142 Transport
143 Reise
144 Hotel, Camping
Test

Freizeit
145 Spielen
146 Sport
147 Musik
148 Malerei
149 Literatur
150 Theater
151 Kino, Fernsehen, Rundfunk
152 Fotografie
153 Geschmack
Test

Umwelt
Wetter
154 Schönes Wetter
155 Schlechtes Wetter
156 Kaltes Wetter
Test

Natur
157 Himmel
158 Erdkunde
159 Meer
160 See, Fluss
161 Gebirge
162 Flachland
163 Landwirtschaft
Test

Tiere, Pflanzen
164 Tier
165 Haustiere
166 Wilde Tiere
167 Vögel
168 Sonstige Tiere
169 Pflanzen
170 Garten, Blumen
Test

Zeit
171 Zeit
172 Tag, Woche
173 Jahr
174 Ereignis
175 Zeitliche Reihenfolge
176 Häufigkeit
177 Vergangenheit
178 Gegenwart
179 Zukunft
    Test

Raum
180 Raum
181 Standort
182 Suchen, finden, zeigen
183 Entfernung
184 Bewegung
185 Geschwindigkeit
186 Richtung
187 Höhe, Tiefe
    Test

Menge
188 Menge
189 Zahlen
190 Maße
    Test

Register Deutsch   Seite 196
Register Englisch Seite 222

Nicht verwechseln! Not to be confused!

aktuell	topical, current	die ~e Ausgabe der Zeitschrift
also	so	Es hat ~ keinen Zweck?
das Apartment [a'partmənt], -s	small flat	sich ein kleines ~ mieten
arm	poor	~ sein / ~e Leute
bald	soon	Er kommt ~.
die Bank, ⸚e	seat, bench	Er sitzt auf der ~.
die Bank, -en	bank	Sein Geld liegt auf der ~.
das Benzin	petrol, gas	~ tanken
brav	good, well-behaved	das ~ Kind
das Büro, -s	office	Der Chef hat das schönste ~.
der Champignon ['ʃampɪnjɔŋ], -	mushroom	~suppe
der Chef [ʃɛf], -s	boss	Unser ~ ist verreist.
die Fabrik, -en	factory	in der ~ arbeiten
der Fall, ⸚e	case	der Mord~ / den ~ aufklären
die Garderobe, -en	cloakroom, checkroom	den Mantel an der ~ abgeben
das Gift, -e	poison	die ~stoffe / „Vorsicht, ~!"
das Gymnasium,	grammar school	aufs ~ gehen
der Hut, ⸚e	hat	einen ~ tragen
der Job [dʒɔp], -s	temporary job	Für die Semesterferien sucht er einen ~.
das Kind, -er	child	~er haben / eine Familie mit zwei ~ern
die Konfession, -en	denomination, religion	~: römisch-katholisch
die Kontrolle, -n	check	eine ~ durchführen
die Kritik	criticism	~ üben
die List	trick, cunning	eine ~ gebrauchen / etw. mit ~ erreichen
die Meinung, -en	opinion	seine ~ äußern
die Messe, -n	mass, fair	die Frankfurter Buch~
der Mörder, -	murderer	den ~ festnehmen
die Notiz, -en	note	sich eine ~ machen
ordinär	vulgar	~e Ausdrücke verwenden
das Paket, -e	parcel	ein ~ zur Post bringen
der Paragraph, -en	section, clause	Das steht in ~ 218.
die Pension [pã'zio:n], -en	guesthouse	Im Urlaub wohnen wir in einer kleinen ~.

die Phantasie	imagination	die ~ eines Schriftstellers
die Post	post office	einen Brief zur ~ bringen
	post	die ~ lesen
das Protokoll, -e	report, minutes	ein ~ schreiben
der Prozess, -e	trial, case	jdm. den ~ machen
die Puppe, -n	doll	Das Kind spielt mit seiner ~.
das Rezept, -e	recipe, prescription	Das Medikament gibt es nur auf ~.
der Roman, -e	novel	Sein neuer ~ war kein Erfolg.
der Schal, -s	scarf	sich einen ~ um den Hals binden
der See, -n	lake	im ~ baden / der Stau~
sparen	save	Sie spart für ein neues Auto.
die Spur, -en	clue	eine ~ finden / die ~en sichern
still	silent, quiet	~ sein / sich ~ verhalten
die Sympathie, -n	liking	für jdn. ~ haben / ein Zeichen der ~
sympathisch	likeable, agreeable	jdn. ~ finden
der Tresor, -e	safe	den wertvollen Schmuck in den ~ legen
turnen	do gymnastics	in der Halle ~ / ~ gehen
die Weste, -n	waistcoat, (US) vest	Der Herr trägt eine ~.
das Wild	game	In diesen Wäldern gibt es viel ~.
(sich) wundern	be surpised, surprise	sich über etw. ~ / Es wunderte ihn, dass …

Nicht verwechseln!

Allgemeine Begriffe

Nomen, Verben

die Sache, -n	thing	zur ~ kommen / bei der ~ sein / Das ist meine ~. / Morgen hole ich meine ~n ab.
die Angelegenheit, -en	matter	eine schwierige ~ / „In welcher ~ kommen Sie?"
das Verhalten	behaviour	sein ~ ist merkwürdig / das ~ der Tiere beobachten
sich verhalten[1]	behave	sich ruhig ~
die Tat, -en	act, action, deed	eine gute ~ / die Helden~ / Lasst den Worten ~en folgen!
der Zustand, ⸚e	state	der Gesundheits~ / der ~ des Hauses
der Umstand, ⸚e	circumstance	alle ⸚e kennen
der Sachverhalt, -e	facts	den ~ klären / den ~ kennen / jdn. über den ~ informieren
das Ding, -e	thing	Im Zimmer lagen viele ~e herum. / Über diese ~e will er nicht sprechen.
der Gegenstand, ⸚e	object	Die ⸚e liegen herum. / „Was sind das für ⸚e?"
das Merkmal, -e	characteristic, feature	ein typisches ~ / ein wichtiges ~
die Art	kind, type, sort	Ersatzteile aller ~ / Ihre ~ gefällt mir.
die Form, -en	form, shape	die äußere ~ / die ~ der Blätter / eine Mitteilung in schriftlicher ~
sein[2]	be	krank ~ / hier ~ / Schüler ~
die Existenz, -en	existence, living	die ~ eines Briefes / sich eine ~ aufbauen
existieren	exist	Beweise ~ / ein Testament existiert
herrschen	be	Es herrscht dichter Nebel.

1 sich verhalten: ich verhalte mich, er verhält sich – verhielt sich – hat sich verhalten
2 sein: ist – war – ist gewesen

2 Pronomen

irgend-	some, any	~wer / ~was / ~ein / ~jemand / ~wo / ~wann
man	one, they, people	~ kennt sie / „~ kann nie wissen."
jemand	someone, anyone	„Ist dort ~?" / ~ anders
jeder, jedes, jede	each, every	~ einzelne / zu ~ Zeit / jeden Tag / auf ~ Bedingung eingehen
jener, jenes, jene, Plural: jene	that	diese sind blau, jene grau / an dies und jenes denken
all-	all, everything	~e Menschen / ~e beide / wir ~e Ich weiß ~es. / „~es Gute!" / ~es Mögliche
aller-	the very, the most	der ~beste / der ~schönste
manch-	many (a)	~er / ~mal / ~e Menschen
etwas	something, anything	~ Schönes / ~ anderes
nichts	nothing	Ich weiß ~ davon. / Es ist ~ zu sehen. / Ich habe ~ anzuziehen. / Das nützt uns ~.
niemand	nobody, no one	~ ist da. / Ich sehe ~en. / Das kann ~ anderes sein als mein Freund.

Personalpronomen

ich	I	wir	we
du	you	ihr	you
er	he	sie	they
sie	she	Sie	you
es	it		

Allgemeine Begriffe

Der Mensch

Körper

3 Kopf, Gesicht ▼ 9 Haare

der Kopf, ⸚e	head	den ~ schütteln (= „Nein!") / von ~ bis Fuß / die ~schmerzen
das Gesicht, -er	face	die ~s·züge / der ~s·ausdruck
die Stirn	forehead	die hohe ~ / Falten auf der ~ haben
die Wange	cheek	die rechte ~ / die linke ~ / auf die ~ küssen
blass	pale	~ aussehen / ~ werden
rot werden[1]	blush, go red	vor Verlegenheit ~
der Hals, ⸚e	throat, neck	die ~schmerzen / jdm. um den ~ fallen

1 werden: wird rot – wurde rot – ist rot geworden

4 Ohr ▼ 147 Musik

das Ohr, -en	ear	das rechte ~ / das linke ~ / jdm. etw. ins ~ sagen / die ~en·schmerzen
hören	hear	die Stimme ~ / jdm. kommen ~ / im Alter schlecht ~ / Das habe ich noch nie gehört. / Ich habe gehört, dass ... / Er lässt nichts von sich ~. / jdm. zu~
schwerhörig	hard of hearing	~ sein
taub	deaf	~ sein / ~stumm
das Geräusch, -e	sound, noise	ein ~ machen / ein leises ~ hören
der Krach	noise	Die Kinder machen viel ~.
der Lärm	noise	der Verkehrs~ / viel ~ um nichts
laut	loud, noisy	~ sprechen / ~ lachen / der ~e Motor
leise	quiet	~ sprechen / die ~e Maschine / die Musik ~r stellen

Auge

ruhig	calm, quiet	~ sein / ~ bleiben / eine ~e Straße
die Ruhe	rest, peace, silence	die Nacht~ / ich brauche ~ / jdn. in ~ lassen / ≠ die Un~
still	silent, quiet	~ sein / „Sei ~!" / sich ~ verhalten
die Stille	silence	die feierliche ~ / in aller ~

Körper

5 Nase

▼ 30 sich erkälten

die Nase, -n	nose	die ~n·spitze / die ~n·löcher
riechen[1]	smell	Ich rieche etw. / „Wonach riecht es hier?" / Der Kaffee riecht gut.
der Geruch, ⸚e	smell	der schlechte ~ / die Küchen-⸚e
der Duft, ⸚e	scent	der ~ der Rose
duften	smell nice	Die Rose duftet.
stinken[2]	stink	Der Käse stinkt. / Hier stinkt es.
atmen	breathe	durch die Nase ~ / ein~ / aus~
der Atem	breath	der reine ~ / außer ~ sein
die Luft	air	die frische ~ / die schlechte ~
das Taschentuch, ⸚er	handkerchief	das Papier~ / sich mit dem ~ die Nase putzen

1 riechen: riecht – roch – hat gerochen
2 stinken: stinkt – stank – hat gestunken

6 Auge

das Auge, -n	eye	gute ~n haben / blaue ~n / braune ~n
der Blick	look, glance	ein neugieriger ~ / auf den ersten ~ / mit einem ~ die Lage erfassen
sehen[1]	see, look	aus dem Fenster ~ / hin~ / weg~ / zu~
beobachten	watch, observe	die Sterne ~ / aus der Ferne ~
schauen	look	„Schau mal!" / jdn. an~
ansehen[1]	look at	Sie sah mich durch die Brille an. / sich den Film ~
anschauen	look at	ein altes Gemälde ~
der Anblick	sight	ein schöner ~

Farben 16

erkennen²	recognize	etw. genau ~ / nichts ~ können
die Brille, -n	glasses	die ~ aufsetzen / eine ~ tragen / die ~ abnehmen / die Sonnen~ ~ sein und eine Brille tragen
kurzsichtig	short-sighted	
blind	blind	~ sein / auf einem Auge ~ sein

1 sehen: ich sehe, er sieht – sah – hat gesehen
2 erkennen: erkennt – erkannte – hat erkannt

7 Farben

▼ 124 Beleuchtung ▼ 148 Malerei ▼ 172 Nacht

die Farbe, -n	colour, paint	die rote ~ / die helle ~ / eine Tube ~ / die dunkle ~ / die frische ~ / ~ anstreichen
mischen	mix	verschiedene Farben ~
bunt	coloured, colourful	ein ~er Blumenstrauß / das ~e Kleid
farbig	coloured, colourful	ein ~es Foto / mehr~
gelb	yellow	Die Zitrone ist ~. / Die Ampel schaltet auf Gelb. / Im Herbst werden alle Blätter ~.
orange [o'rã:ʒə]	orange	ein ~s Band
rot	red	die ~en Rosen / ~e Lippen
rosa	pink	ein ~ Nachthemd
braun	brown	~e Haare / in der Sonne ~ werden
blau	blue	der ~e Himmel / das ~e Meer
grün	green	Die Blätter sind ~. / das ~e Gras / Die Beeren sind noch ~.
weiß	white	die ~en Haare / schnee~ / Sie wurde ganz ~ im Gesicht.
grau	grey	der ~e Himmel / ~e Haare bekommen / die ~e Bluse
schwarz	black	~, rot, gold / tief~
der Schatten	shade, shadow	25 Grad im ~ / die ~seite / im ~ sitzen
dunkel	dark	Im Winter wird es früh ~. / ~rot / ~blond / dunkles Haar / dunkle Schatten

die Dunkelheit	darkness	in der ~ nichts sehen können
das Licht, -er	light	das Tages~ / helles ~ / das ~ anmachen
hell	light	~blau / ~blond / ein ~es Zimmer / Draußen ist es schon ~.

8 Mund
▼ 15 Essen ▼ 22 Trinken ▼ 67 Sprechen

der Mund, ¨-er	mouth	den ~ aufmachen / den ~ halten (= still sein)
die Lippe, -n	lip	die Ober~ / die Unter~ / die roten ~n
die Zunge, -n	tongue	die ~ herausstrecken / die ~ zeigen
der Zahn, ¨-e	tooth	schöne, weiße ~e haben / sich die ~e putzen / die ~schmerzen

9 Haare

das Haar, -e	hair	die ~farbe / dunkle ~e haben / helles ~ haben / blonde ~e
blond	blond	~e Haare haben / Sie ist ~.
der Kamm, ¨-e	comb	der Taschen~
kämmen	comb	die Haare ~ / sich ~
der Bart, ¨-e	beard	sich einen ~ wachsen lassen / einen ~ tragen / der Schnurr~ / der Voll~
jdn./sich rasieren	shave	sich ~ lassen / sich nass ~
der Rasierapparat	razor	sich mit dem ~ rasieren
der Friseur, -e [-zø:r] / die Friseuse, -n	hairdresser	zum ~ gehen / der ~salon / Der ~ schneidet die Haare.

10 Körper
▼ 28 Gesundheit

der Körper, -	body	die ~pflege / der ~teil
die Figur, -en	figure	eine gute ~ haben / die schlanke ~
die Haut	skin	die ~farbe / die ~creme / der ~arzt

der Muskel, -n	muscle	die ~kraft / der ~kater (= Schmerzen nach großer Anstrengung)
der Knochen, -	bone	der ~bruch
die Schulter, -n	shoulder	jdm. auf die ~ klopfen
die Brust	chest, breast	der ~korb / dem Baby die ~ geben
der Bauch, ⸚e	stomach	der dicke ~ / die ~schmerzen
der Rücken, -	back	auf dem ~ liegen

11 Organe

das Organ, -e	organ	die Sinnes~e / die Verdauungs~e
das Herz, -en	heart	der ~schlag / das ~ schlägt
das Blut	blood	das ~ fließt / der ~druck / die ~gruppe
der Kreislauf	circulation	~störungen haben
bluten	bleed	aus der Nase ~ / Die Wunde blutet.
inner-	internal	~e Organe / ~e Verletzungen

Organe

der Magen, ⸚	stomach
die Leber	liver
der Darm	intestine(s)
die Galle	gall-bladder
der Blinddarm	appendix
die Lunge	lung

12 Gliedmaßen ▼ 34 Schuhe, Strümpfe ▼ 136 Gehen

das Glied, -er	limb	die ~maßen / die ~er·schmerzen
der Arm, -e	arm	der rechte ~ / der linke ~ / sich den ~ brechen / das Kind auf den ~ nehmen

die Hand, ¨e	hand	die rechte ~ / die linke ~ / jdm. die ~ geben (Begrüßung, Abschied) / die ~arbeit
der Finger, -	finger	der Zeige~ / die Mittel~ / der Ring~ /der kleine ~
der Daumen, -	thumb	jdm. die ~ drücken (= Glück wünschen)
anfassen[1]	touch	etw. ~ / die Tasse ~
das Bein, -e	leg	beide ~e / das rechte ~
das Knie [kniː], - [kniːə]	knee	sich am ~ verletzen / auf die ~ fallen
der Fuß, ¨e	foot	zu ~ gehen / jdm. auf den ~ treten
die Zehe, -n	toe	die große ~ / auf ~n·spitzen gehen
der Nagel, ¨	nail	der Finger~ / der Fuß~ /sich die ~ schneiden

1 anfassen: ich fasse an, er fasst an – er fasste an – er hat angefasst

13 Körperpflege

▼ 9 Haare ▼ 153 Schönheit

das Badezimmer, -	bathroom	sich im ~ waschen
die Badewanne, -n	bath(tub)	die ~ reinigen / ein Bad mit ~
das Bad	bath(room)	ein warmes ~ nehmen / ein Hotelzimmer mit ~
baden	have a bath/swim bath, bathe	in der Wanne ~ / im Fluss ~ / ~ gehen / das Kind ~
die Dusche, -n	shower	ein Zimmer mit ~
(sich) duschen	have a shower	(sich) ~ gehen / sich kalt ~
(sich) waschen[1]	wash	sich die Hände ~ / sich das Gesicht ~
die Seife	soap	ein Stück ~ / sich mit ~ waschen
das Wasser	water	das kalte ~ / das warme ~ / Das ~ läuft.
der Wasserhahn, ¨e	tap, faucet	den ~ aufdrehen / den ~ zudrehen
das Waschbecken, -	washbasin	Wasser ins ~ laufen lassen

Körper — Schlafen

das Handtuch, ¨-er	towel	das frische ~ / das saubere ~
abtrocknen	dry	sich waschen und ~ / sich mit dem Handtuch ~
die Zahnbürste, -n	toothbrush	sich mit der ~ die Zähne putzen
die Zahnpasta, -ten	toothpaste	eine Tube ~ kaufen
schminken	put on make up	sich ~ / sich vor dem Spiegel ~
der Lippenstift, -e	lipstick	einen ~ benutzen / ein roter ~
der Spiegel, -	mirror	vor dem ~ stehen / in den ~ sehen
das Parfüm, -s	perfume	das französische ~ / das teure ~
die Toilette [toaˈlɛtə], -n	toilet	die Herren~ / die Damen~ / das ~n·papier
das WC [veːˈtseː], -s	WC	Bad und ~
besetzt	occupied	die Toilette ist ~

1 (sich) waschen: ich wasche, er wäscht – wusch – hat (sich) gewaschen

14 Schlafen   ▼ 172 Tageszeiten

das Bett, -en	bed	zu ~ gehen / im ~ liegen / das Doppel~
die Matratze, -n	mattress	die harte ~ / die Luft~
weich	soft	die ~e Matratze / das ~e Kissen
das Laken, -	sheet	ein sauberes ~ / das ~ wechseln
die Decke, -n	blanket, duvet	die Bett~ / sich mit der ~ zudecken
das Kopfkissen, -	pillow	ein dickes ~
müde	tired	Ich bin ~. / ~ werden / ~ aussehen
der Schlafanzug, ¨-e	pyjamas	einen ~ anziehen
das Nachthemd, -en	nightdress	ein ~ anhaben
sich hinlegen	lie down	sich über Mittag ~
liegen¹	lie, stay in bed	im Bett ~ / auf der Couch ~ / im Krankenhaus ~ / Nach der Operation musste er eine Woche ~.
einschlafen²	go to sleep	schnell ~ / nicht ~ können
schlafen²	sleep	gut ~ / schlecht ~ / ~ gehen
der Schlaf	sleep	der tiefe ~ / der Mittags~ / die ~tablette / der ~sack

träumen	dream	von etw. ~ / von jdm. ~
der Traum, ⸚e	dream	einen schönen ~ haben / der Alp~ / der ~beruf
der Wecker, -	alarm (clock)	den ~ auf 6 Uhr stellen / der ~ klingelt
wecken	wake	jdn. ~ / um 6 Uhr geweckt werden
aufwachen	wake up	früh ~ / zu spät ~ / von etw. ~
wach	awake	~ sein / ~ werden
aufstehen³	get up	morgens früh ~ / um 7 Uhr ~

Körper

1 liegen: liegt – lag – hat gelegen
2 einschlafen: ich schlafe ein, er schläft ein – schlief ein – ist eingeschlafen
3 aufstehen: steht auf – stand auf – ist aufgestanden

TEST

Definitionen

1. Die Verbindung von Kopf und Körper: _____ 2. Die Oberfläche des

Körpers: _____ 3. Die Rückseite des Körpers: _____ 4. Haare

unten am Kopf: _____ 5. Rote Flüssigkeit im Körper: _____

6. Der Raum, in dem man sich wäscht: _____ 7. Stück Stoff zum Abtrock-

nen: _____ 8. Stück Stoff zum Putzen der Nase: _____

9. Damit putzt man sich die Zähne: _____ 10. Bilder, die man im Schlaf

sieht: _____ 11. Jemand, der nichts sehen kann, ist: _____

12. Jemand, der nichts hören kann, ist _____

Test **22**

Körperteile   Welche Körperteile benutzt man

1. zum Sprechen: _____ 2. zum Hören: _____

3. zum Sehen: _____ 4. zum Riechen: _____

5. zum Laufen: _____ ?

Farben   Welche Farben haben normalerweise

1. die Blätter: _____ 2. die Lippen: _____

3. die Zitronen: _____ 4. der Himmel ohne Wolken: _____

_____ 5. die Apfelsinen: _____ 6. der Kaffee: _____ ?

Gegensätze   1. Helligkeit: _____ 2. weiß: _____

3. laut: _____ 4. duften: _____ 5. wach sein: _____

6. sich hinlegen: _____ 7. rot werden: _____ werden.

8. die schlechte Luft: _____ _____

Die 5 Finger heißen: _____, _____, _____,

_____, _____

Fügen Sie den Artikel hinzu.   1. _____ Stirn, 2. _____ Nase, 3. _____ Brille, 4. _____ Mund, 5. _____ Zahn, 6. _____ Bart

Körper

Ernährung

15 Essen

▲ 8 Mund

(sich) ernähren	feed (oneself)	sich richtig ~ / die Familie ~
das Nahrungsmittel, -	food	die ~industrie / die Grund~
die Speise, -n	dish, food	die ~karte / die Vor~ / die Süß~
die Lebensmittel (Pl.)	food	das ~geschäft / die ~abteilung im Supermarkt
der Hunger	hunger	~ haben / großen ~ haben
der Appetit	appetite	„Guten ~!" / mit ~ essen / ~ haben
essen[1]	eat	viel ~ / zu Mittag ~ / gerne Brot ~
satt	full (up)	ich bin ~ / sich ~ essen
die Mahlzeit, -en	meal	täglich drei ~en / die warme ~
das Essen, -	meal	das ~ vorbereiten / das ~ auf den Tisch bringen / zum ~ einladen
das Frühstück	breakfast	ein Butterbrot zum ~ essen
frühstücken	have breakfast	um 9 Uhr ~
das Mittagessen	lunch	jdn. zum ~ einladen / ein gutes ~
das Abendbrot	supper	~ essen / „Was gibt es zum ~?"
anbieten[2]	offer	etw. zum Trinken ~
vegetarisch	vegetarian	~ essen / sich ~ ernähren

1 essen: ich esse, er isst – aß – hat gegessen
2 anbieten: bietet an – bot an – hat angeboten

16 Brot, Gebäck

das Brot, -e	bread	das Weiß~ / das Schwarz~ / eine Scheibe ~ mit Wurst / ~ backen / Butter aufs ~ streichen
das Brötchen, -	roll	zum Frühstück ~ essen / ein ~ mit Butter und Marmelade
die Butter	butter	frische ~ / ungesalzene ~ / ein Brot mit ~ bestreichen

Fleisch, Geflügel

die Margar**i**ne	margarine	~ statt Butter essen / halbfette ~
die Marmel**a**de, -n	jam, marmalade	die Kirsch~ / ein Glas Erdbeer~
die Konfit**ü**re, -n	jam, marmalade	~ kaufen
der H**o**nig	honey	der Bienen~ / ein Glas ~
die W**u**rst, ¨e	sausage	die Leber~ / die Blut~ / die Mett~
der K**ä**se	cheese	verschiedene ~sorten / der Schweizer ~ / der holländische ~ / der Weiß~
der K**u**chen, -	cake	der Käse~ / der Apfel~ / der Nuss~ / ein Stück ~ essen
die T**o**rte, -n	cake, gateau, flan	die Sahne~ / die Obst~ / die Buttercreme~ / die Schwarzwälder Kirsch~
die S**a**hne	cream	die Schlag~ / die Kaffee~
das M**e**hl	flour	das Weizen~ / ein Kilo ~
b**a**cken¹	bake	Brot ~ / Kuchen ~
die Bäcker**ei**, -en	baker's, bakery	Brot und Kuchen in der ~ kaufen

1 backen: bäckt/backt – backte – hat gebacken

17 Fleisch, Geflügel ▼ 165 Haustiere

das Fl**ei**sch	meat	das Schweine~ / das Rind~ / mageres ~ / fettes ~
der Br**a**ten, -	roast	der Schweine~ / der Rinder~ / Der ~ ist gar. / ein Stück ~ mit Soße
das Steak [steːk], -s	steak	das gut durchgebratene ~
das Kot**e**lett [kɔˈtlɛt], -s	cutlet	das Schweine~ / das ~ braten
das Schn**i**tzel, -	schnitzel	das Kalbs~ / das Schweine~
das/der G**u**lasch	stew, goulash	~ mit Zwiebeln
die S**o**ße/Sauce, -n	sauce, gravy	~ über das Fleisch gießen
der Sch**i**nken, -	ham	der geräucherte ~ / der rohe ~ / der gekochte ~ / eine Scheibe ~
das W**ü**rstchen, -	sausage	Frankfurter ~ / Wiener ~ / ~ mit Senf
das Gefl**ü**gel	poultry	das ~ schlachten / ~ essen
das H**u**hn, ¨er	chicken	das Suppen~ / ~ mit Reis

das Hähnchen, -	chicken	das Brat~ / ein halbes ~ essen
das Ei, -er	egg	frische ~er / das gekochte ~ / das ~gelb / das ~weiß
das Fett	fat	das Schweine~ / das Pflanzen~
fett	fat	~es Essen / ~es Fleisch / zu ~
die Brühe	soup, broth	die Hühner~ / die heiße ~
die Suppe, -n	soup	die Nudel~ / die Hühner~ / das ~n·fleisch / der ~n·teller
die Nudel, -n	noodle, spaghetti	die ~suppe / ~n essen
die Fleischerei, -en / die Metzgerei, -en	butcher's	in der ~ Suppenfleisch und Wurst kaufen

18 Fisch

der Fisch, -e	fish	frische ~e / freitags ~ essen / das ~filet
die Forelle, -n	trout	~ blau / ~ „Müllerin Art" (gebraten)
der Karpfen, -	carp	der fette ~ / der ~teich
der Hering, -e	herring	der Salz~ / der ~s·salat
die Ölsardine, -n	sardine (in oil)	eine Dose ~n

19 Gemüse

das Gemüse	vegetable(s)	~ kochen / die ~suppe
die Bohne, -n	bean	die grünen ~n
die Erbse, -n	pea	grüne ~n / die ~n·suppe mit Speck
die Mohrrübe, -n / die Möhre, -n / die Karotte, -n	carrot	~n putzen / ~n kochen
die Kartoffel, -n	potato	~n schälen / ~n kochen / die Salz~n / die Brat~n
der Reis	rice	Huhn mit ~ / der Milch~
der Kohl	cabbage	der Sauer~ / die ~köpfe
das Kraut	cabbage	das Weiß~ / das Rot~
die Tomate, -n	tomato	die ~n·soße / die ~n·suppe
die Zwiebel, -n	onion	Leber mit ~n braten / die ~suppe

der Salat, -e	salad, lettuce	der grüne ~ / der Kopf~ / der Tomaten~ / der Geflügel~
die Gurke, -n	cucumber	die sauren ~n / der ~n·salat

20 Obst

das Obst	fruit	~ essen / der ~kuchen / der ~garten
die Frucht, ⸚e	fruit	der ~saft / die Süd~e (z.B. Banane)
reif	ripe	eine ~e Tomate / das Obst ist ~ ≠ un~
der Apfel, ⸚	apple	einen ~ essen / der ~saft / der ~baum
die Birne, -n	pear	die saftige ~ / die weiche ~ / der ~n·baum
die Kirsche, -n	cherry	saure ~n / süße ~n
die Pflaume, -n	plum	der ~n·baum / die reifen ~n
der Pfirsich, -e	peach	einen ~ essen
die Johannisbeere, -n	red/black currant	die roten ~n / die schwarzen ~n
die Erdbeere, -n	strawberry	~n pflücken / die Erdbeermarmelade
die Nuss, ⸚e	nut	die Wal~ / die Erd~ / ⸚e knacken
die Apfelsine, -n	orange	eine ~ essen / die ~n·schale
die Zitrone, -n	lemon	der ~n·saft / Tee mit ~ trinken

21 Nachtisch, Süßigkeiten

▼ 23 Zucker

der Nachtisch	dessert	Pudding zum ~ essen
der Pudding	pudding	der Vanille~ / der Schokoladen~
das Eis	ice(-cream)	das Speise~ / das Sahne~ / ~ am Stiel
das/der Bonbon [bɔŋ'bɔŋ], -s	sweet	das Pfefferminz~ / ein(en) ~ lutschen
die Schokolade	chocolate	eine Tafel ~ / ein Stück ~ essen / eine heiße ~ trinken
das Konfekt	confectionery, sweets, candy	eine Schachtel ~ / ein Stück ~
das Marzipan	marzipan	die ~schokolade

22 Getränke

▼ 25 Geschirr

der Durst	thirst	~ haben / seinen ~ löschen
durstig	thirsty	~ sein / sehr ~
trinken[1]	drink	Saft ~ / eine Tasse Kaffee ~ / Bier ~
das Getränk, -e	drink	eine kaltes ~ / ein warmes ~ / die ~e·karte
das Mineralwasser	mineral water	~ trinken / ein Glas ~
die Kohlensäure	carbonic acid	Mineralwasser mit/ohne ~
die Cola	coke	eine Flasche ~ / eine ~ trinken
der Saft, ⸚e	juice	der Apfel~ / der Kirsch~ / ein Glas ~
die Milch	milk	die Voll~ / die Butter~
der Kaffee	coffee	ein Päckchen ~ / eine Tasse ~ trinken / ~ mit Sahne / die ~kanne
der Tee	tea	ein Päckchen ~ / ~ mit Zucker und Zitrone / der ~löffel / die ~kanne
das Bier	beer	~ trinken / die ~flasche / das ~glas / ein ~ bestellen
der Schnaps, ⸚e	spirit, schnapps	eine Flasche ~ / ein Glas ~
der Weinbrand	brandy	~ trinken
der Wein, -e	wine	der Weiß~ / der Rot~ / das ~glas / die ~flasche / der ~berg / der ~keller
der Sekt	champagne, sparkling wine	die ~flasche / den ~korken knallen lassen
nüchtern	sober	~ sein / nicht mehr ~ sein / ~ bleiben
der Alkohol	alcohol	~ im Blut haben / der ~gehalt des Bieres
betrunken	drunk	~ sein / völlig ~ sein
Prost	Cheers!	„Prost!"

1 trinken: trinkt – trank – hat getrunken

Ernährung

23 Geschmack

probieren	try, taste	den Wein ~ / „~ Sie mal!"
der Geschmack	taste	der gute ~ / der süßliche ~
schmecken	taste	gut ~ / schlecht ~ / die Soße ab~ / Das hat mir sehr geschmeckt.
ausgezeichnet	excellent	Das Essen war ~. / Der Wein schmeckt ~.
fein	fine, delicate	~ gewürzt / der ~e Zucker / ~e Küche
das Gewürz, -e	spice, seasoning	das scharfe ~ / Pfeffer ist ein ~.
das Salz	salt	das Koch~ / der ~streuer
salzig	salty	Die Suppe ist zu ~.
der Zucker	sugar	~ in den Tee tun / der Würfel~
süß	sweet	~ schmecken / zu ~ / ~e Sachen
der Essig	vinager	eine Flasche ~
sauer	sour	Der Apfel schmeckt ~. / saure Gurken / Die Milch ist ~ geworden.
bitter	bitter	das schmeckt ~
der Senf	mustard	der scharfe ~ / Würstchen mit ~
der Pfeffer	pepper	weißer ~ / schwarzer ~ / ~ und Salz

24 Küche

die Küche, -n	kitchen, cuisine	in der ~ arbeiten / der ~n-tisch / die deutsche ~
der Herd, -e	stove	der moderne ~ / der Elektro~
der Topf, ⁻e	saucepan, casserole	den ~ auf den Herd stellen
der Kochtopf	(cooking) pot	
kochen	cook, boil, make	Kaffee ~ / eine Suppe ~ / Das Wasser kocht. / Sie kocht ganz ausgezeichnet.
die Bratpfanne, -n	frying pan	Fleisch in der ~ braten
braten[1]	fry, roast	das Kotelett ~
grillen	grill	Fleisch ~ / Fisch ~
roh	raw	~es Fleisch / Das Gemüse ist noch ~.
gar	cooked, done	~ kochen / Das Gemüse ist ~.

weich	soft, tender	das Fleisch ~ kochen / ein ~es Ei
warm	warm, hot	~es Wasser / ~es Essen / ~ essen
heiß	hot	der ~e Kaffee / ~er Tee
der Kühlschrank, ⸚e	fridge	etw. in den ~ legen
die Dose, -n	can, tin	die Konserven~ / die ~n·milch / eine ~ Mais / eine ~ Erbsen
haltbar sein	keep (well)	„Wie lange ist die Ware ~?"
das Kochbuch, ⸚er	cookbook	ein ~ mit vielen guten Rezepten
das Rezept, -e	recipe	ein ~ ausprobieren

1 braten: brät – briet – hat gebraten

25 Geschirr ▲ 13 Waschen

das Tuch, ⸚er	cloth	das weiße Tisch~ / das Geschirr~
das Geschirr	crockery, dishes	das ~ abwaschen / die ~spülmaschine
der Teller, -	plate	der flache ~ / der tiefe ~ / der Kuchen~ / ein ~ Suppe
das Besteck, -e	cutlery	das ~ auf den Tisch legen
das Messer, -	knife	mit dem ~ etw. schneiden / das Taschen~
scharf	sharp	das ~e Messer
stumpf	blunt	das ~e Messer
(sich) schneiden[1]	cut	das Fleisch ~ / ein Stück Wurst ab~ / sich in den Finger ~ / Das stumpfe Messer schneidet schlecht.
die Gabel, -n	fork	mit der ~ essen / die Kuchen~
der Löffel, -	spoon	der Ess~ / der Tee~
die Kanne, -n	pot	die Kaffee~ / die Tee~
die Flasche, -n	bottle	die Wein~ / die Bier~ / der ~n·öffner
gießen[2]	pour	Kaffee in die Tasse ~ / ein~ / aus~
voll	full	ein ~es Glas / Die Flasche ist ~.
leer	empty	eine ~e Flasche / ~ machen / ~ sein
die Tasse, -n	cup	eine Kaffee~ / die Unter~ / eine ~ Tee trinken

das Glas, ⸚er	glass	das Wein~ / „Ein ~ Bier, bitte!" / das ~chen
die Schüssel, -n	bowl, dish	die Suppen~
abwaschen³	wash up	das Geschirr ~ / die Teller ~
spülen	rinse	das Geschirr in klarem Wasser ~
abtrocknen	dry up	das Geschirr ~

1 schneiden: schneidet – schnitt – hat geschnitten
2 gießen: gießt – goss – hat gegossen
3 abwaschen: ich wasche ab, er wäscht ab – wusch ab – hat abgewaschen

26 Restaurant ▼ 144 Hotel

das Restaurant [rɛstoˈrãː], -s	restaurant	ins ~ gehen / im ~ essen / ein gutes ~
das Gasthaus, ⸚er	inn	im ~ Mittag essen / das Land~
das Café [kaˈfeː], -s	café	ins ~ gehen / im ~ Kuchen essen
das Lokal, -e	pub	in ein ~ gehen / im ~ Bier trinken
die Bar, -s	bar	sich in die ~ setzen / der ~hocker / an der ~ sitzen
der Wirt, -e	landlord	der Gast~ // die Wirtin
der Ober, -	waiter	„Herr ~!" / Der ~ bringt das Essen.
der Kellner, -	waiter	
die Bedienung, -en	waitress	als ~ in einem Restaurant arbeiten
der Gast, ⸚e	customer	Die ⸚e sitzen an den Tischen.
bedienen	serve, wait on	Der Ober bedient die Gäste.
die Speisekarte, -n	menu	„Die ~, bitte!" / Was steht auf der ~?
bestellen	order	das Essen ~ / Wein ~ / einen Tisch ~
zahlen	pay	„Herr Ober, bitte ~!"
das Trinkgeld, -er	tip	~ geben / 10 % ~

27 Rauchen

der Raucher, -	smoker	ein starker ~ ≠ der Nicht~
die Zigarette, -n	cigarette	~n rauchen / eine Schachtel ~ / jdm. eine ~ anbieten
die Zigarre, -n	cigar	die dicke ~ / die ~n-kiste
die Pfeife, -n	pipe	eine ~ rauchen
der Tabak	tobacco	ein Paket ~ / der Pfeifen~
das Streichholz, ¨-er	match	eine Schachtel ¨-er / das ~ anzünden
das Feuerzeug, -e	lighter	das Taschen~
anzünden	light	sich eine Zigarette ~
rauchen	smoke	eine Zigarette ~ / Pfeife ~
der Aschenbecher, -	ashtray	den ~ leeren
die Droge, -n	drug	~n nehmen / von ~n abhängig sein / der ~n·süchtige

Ernährung

TEST

Wörter zusammenstellen

1. Die Hauptmahlzeiten: _____ , _____ , _____

2. Südfrüchte: _____ , _____ 3. Geschirr: _____ ,

_____ (aus Glas:) _____ 4. Technische Einrichtungen in der

Küche (zum Kochen:) _____ , _____ (zum Frischhalten:)

_____

Definitionen

1. Das Fett der Milch: _____ 2. Gewürzte, fette Flüssigkeit, die man über

das Fleisch gießt: _____ 3. Dem Ober sagen, was er bringen soll:

_____ 4. Zusätzliches Geld für den Ober: _____ 5. Getrocknete

Blätter, die man in die Pfeife stopft: _____

Test 32

Synonyme

1. Essen wollen: _____ haben. 2. Gern essen: mit _____ essen. 3. Konfitüre: _____ 4. Trinken wollen: _____ haben.

Sätze ergänzen

1. Im Hotel fragt der Ober beim Frühstück, was der Gast trinken möchte: „Möchten Sie _____ (aus Bohnen gemacht) oder _____ (aus getrockneten Blättern gemacht)?" 2. Honig schmeckt _____, Essig schmeckt _____ 3. Man isst die Suppe mit einem _____, den Braten mit _____ und _____, den Pudding mit einem _____ 4. Zum Anzünden einer Zigarette kann man ein _____ oder ein _____ verwenden.

Ordnen Sie die Wörter.

Wurst, Honig, Torte, Marmelade, Brühe, Kotelett, Marzipan, Pudding, Hähnchen, Forelle.

Schmeckt süß: _____, _____, _____, _____, _____

Schmeckt salzig: _____, _____, _____, _____, _____

Gesundheit, Krankheit

28 Gesundheit

die Gesundheit	health	bei guter ~ sein / der ~s·zustand
gesund	well, healthy	~ sein / ~e Zähne haben / sich ~ ernähren ≠ un~
fit	fit	~ sein / sich ~ halten
schlank	slim	~ sein / ~ werden wollen
zunehmen[1]	put on weight	2 Kilo ~
dick	fat	~ sein / ein ~er Bauch
die Diät	diet	die strenge ~ / eine ~ einhalten
abnehmen[1]	lose weight	~ müssen / ~ wollen
mager	thin, lean	~ sein / ~ aussehen / ~es Fleisch
dünn	thin	nach der Operation ist er ganz ~ geworden
die Kraft, ⁻e	strength	wieder zu ⁻en kommen
kräftig	strong	~e Arme / ~ sein / ~ essen
stark	strong	groß und ~ sein
schwach	weak, faible	~ sein / sich ~ fühlen

[1] zunehmen: ich nehme zu, er nimmt zu – nahm zu – hat zugenommen

29 Krankheit

die Krankheit, -en	illness, sickness	an einer ~ leiden / die schwere ~ / die Kinder~
krank	ill, sick	sich ~ fühlen / ~ werden / schwer ~ sein / Der Arzt schreibt den Patienten ~. / sich ~ melden
der/die Kranke, -n	sick person	das ~n·bett / der ~n·wagen
die Krankenkasse, -n	health insurance scheme/company	die Privat~ / bei einer ~ versichert sein
fehlen	be wrong/the matter	„Was fehlt Ihnen?"
der Schmerz, -en	pain	~en haben / die Kopf~en / Magen~en

Erkältung, Verletzung

weh tun[1]	hurt	Der Kopf tut mir ~. / Tue dir nicht ~!
leiden[2]	suffer	an einer Krankheit ~ / viel ~ müssen

1 weh tun: tut weh – tat weh – hat weh getan
2 leiden: leidet – litt – hat gelitten

30 Erkältung, Verletzung ▼ 138 Unfall ▼ 156 Wetter

die Erkältung, -en	cold	eine ~ bekommen
sich erkälten	catch (a) cold	sich im Winter ~ / erkältet sein
husten	cough	~ müssen / ~ und niesen
der Husten	cough	~ haben / das ~bonbon
niesen	sneeze	~ müssen / ins Taschentuch ~
der Schnupfen, -	cold	~ bekommen / ~ haben
die Grippe	flu	~ bekommen / ~ haben / die Virus~
das Fieber	temperature, fever	~ bekommen / ~ haben / Das ~ steigt. / das ~thermometer
die Verletzung, -en	injury	die leichte ~ / die schwere ~
(sich) verletzen	hurt, injure	sich den Fuß ~ / bei einem Unfall verletzt werden
der Verletzte, -n	wounded/ injured person	der Schwer~ / Tote und ~
(sich etwas) brechen[1]	break	sich den Arm ~ / sich das Bein ~
die Wunde, -n	wound	die ~ blutet / die ~ verbinden
bluten	bleed	aus der Nase ~ / am Kopf ~

1 brechen: ich breche, er bricht – er brach – er hat gebrochen

31 Arzt, Krankenhaus ▲ 14 Bett ▼ 86 Tod

die Medizin	medicine	~ studieren
der Arzt, ¨-e	doctor	zum ~ gehen / der praktische ~ / der Haus~ / der Fach~ / der Zahn~ // die Ärztin

Arzt, Krankenhaus

der Doktor	doctor	Das Kind wollte nicht zum ~ gehen.
die Praxis	practice, surgery, office	die Arzt~ / in die ~ gehen
die Sprechstunde	surgery, consulting hours	Der Arzt hat von 9–12 Uhr ~.
das Wartezimmer, -	waiting room	im ~ sitzen
der Patient [pa'tsiɛnt], -en	patient	Die ~en werden vom Arzt behandelt. / der Privat~ // die Patientin
untersuchen	examine	sich vom Arzt ~ lassen / die Lunge ~
die Untersuchung, -en	examination	die ~ beim Facharzt / das ~s·ergebnis
das Röntgenbild, -er	X-ray	das ~ auswerten
die Behandlung, -en	treatment	die ~ im Krankenhaus
behandeln	treat	den Kranken ~ / sich ~ lassen
der Verband, ⸚e	bandage, dressing	einen ~ anlegen / den ~ erneuern
verbinden[1]	bandage, dress	die Wunde ~ / den Arm ~
die Spritze, -n	injection	jdm. eine ~ geben / eine ~ bekommen
der Krankenwagen, -	ambulance	einen ~ rufen
das Krankenhaus, ⸚er	hospital	ins ~ kommen / im ~ liegen
die Klinik, -en	clinic	die Privat~ / in die ~ eingeliefert werden
operieren	operate	sich ~ lassen / am Magen operiert werden
die Operation, -en	operation	die schwere ~ / eine Magen~ / der ~s·saal / der ~s·tisch
die Krankenschwester, -n	nurse	die ~ pflegt die Kranken / die ~ rufen
pflegen	care for	den Kranken ~
(sich) verschlechtern	get worse, deteriorate	der Gesundheitszustand verschlechtert sich
die Besserung	improvement	eine leichte ~ / „Gute ~!"
sich erholen	recover	sich langsam von einer Krankheit ~

1 verbinden: verbindet – verband – hat verbunden

32 Apotheke ▼ 125 Geschäft

die Apotheke, -n	chemist's, drugstore	Medikamente in der ~ kaufen
das Rezept, -e	prescription	ein Medikament nur auf ~ bekommen
verschreiben[1]	prescribe	ein Medikament ~
das Mittel, -	medicine, remedy	ein ~ gegen Grippe / ein ~ für die Verdauung
das Medikament, -e	medicine	ein ~ einnehmen / das ~ ist wirksam
die Tablette, -n	tablet	die Schlaf~ / eine ~ einnehmen
die Pille, -n	pill	die ~ nach dem Essen einnehmen / Manche Frauen sind gegen die ~.
wirken	work, have an effect, take effect	Die Tablette wirkt gegen Kopfschmerzen.
die Salbe, -n	ointment	die Wund~ / die ~ dünn auftragen
die Creme [kre:m], -s	cream	die Sonnen~ / die Haut~
das Pflaster, -	plaster	ein ~ auf die Wunde kleben
die Drogerie [drogə'ri:], -n [-ri:ən]	chemist's, drugstore	Seife in der ~ kaufen

1 verschreiben: verschreibt – verschrieb – hat verschrieben

TEST

Definitionen

1. Jemand, der Medizin studiert hat und Kranke behandelt: _____

2. Jemand, der zum Arzt geht: _____ 3. Dort warten die Patienten: _____ 4. Ein Stück Papier, auf das der Arzt die Medikamente schreibt: _____ 5. Dort kauft man Medikamente: _____ 6. Haus, wo Kranke längere Zeit im Bett liegen: _____

7. Sie pflegt die Kranken: _____ 8. Wieder zu Kräften kommen nach einer Krankheit: _____.

Gegensätze

1. gesund: _____ 2. stark: _____
3. schlank: _____ 4. zunehmen: _____

Kreuzworträtsel

Waagerecht:
1. Dort sind Kranke längere Zeit.
2. Das tut der Arzt, um die Krankheit festzustellen.
3. Er behandelt Zähne.
4. Gegensatz zu „Krankheit".
5. Chemisches Mittel, das der Gesundheit dient.

Senkrecht:
6. Nicht gesund.

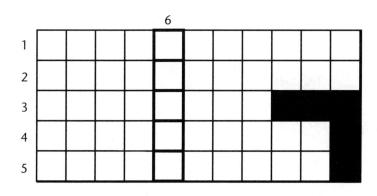

Kleidung

33 Kleidung (I)

die Kleidung	clothes	die Ober·be~ / ein ~s·stück / die Winter~
der Anzug, ¨e	suit	der Herren~ / der dunkle ~
die Jacke, -n	jacket	die ~ anziehen / die ~ ausziehen / die Leder~
die Hose, -n	trousers,	die lange ~ / die kurze ~ / die Unter~ / die ~n·tasche
die Jeans [dʒiːnz] (Plural)	jeans	die ~hose / die ~ anziehen
der Gürtel, -	belt	der Leder~ / den ~ umbinden
das Hemd, -en	shirt	ein weißes ~ / das Ober~ / das Unter~
die Krawatte, -n	tie	sich eine ~ umbinden / eine ~ tragen
das Kostüm, -e	suit	ein Damen~ / das Karnevals~
das Kleid, -er	dress	ein schönes ~ anhaben / das Sommer~ / ~er machen Leute
der Rock, ¨e	skirt	einen ~ anhaben / der Mini~
die Bluse, -n	blouse	eine ~ aus reiner Baumwolle
der Pullover, -	pullover, sweater	ein warmer ~ / der Rollkragen~
der Kragen, -	collar	der Roll~ / der Hemd~ / der Mantel~
der Ärmel, -	sleeve	der lange ~ / der kurze ~
der Knopf, ¨e	button	den ~ zumachen / das ~loch / einen ~ annähen
die Tasche, -n	pocket	die Hosen~ / etw. in die ~ stecken
die Handtasche, -n	handbag	die ~ unterm Arm haben

34 Kleidung (II)

der Hut, ¨e	hat	den ~ aufsetzen / einen ~ aufhaben / den ~ abnehmen
die Mütze, -n	cap	die Basken~ / die Pudel~

Wäsche

der Mantel, ¨	coat	der warme Winter~ / der Regen~
der Schal, -s	scarf	einen ~ umbinden
der Handschuh, -e	glove	ein Paar ~e / die Leder~e
der Strumpf, ¨e	stocking, sock	ein Paar ¨e / die ~hose
die Socke, -n	sock	die ~chen / wollene ~n
der Schuh, -e	shoe	der Halb~ / die ~größe / bequeme ~e
der Stiefel, -	boot	ein Paar ~ / die Reit~ / die Ski~
das Leder, -	leather	das weiche ~ / die ~hose / die ~jacke
der Schuhmacher, -	shoemaker	die Schuhe beim ~ reparieren lassen

35 Anziehen, ausziehen ▲ 14 Schlafen

die Garderobe, -n	cloakroom, checkroom, clothes	den Mantel an der ~ abgeben / auf seine ~ achten
anziehen[1]	put on	sich ~ / die Jacke ~ / warme Schuhe ~
anhaben[2]	wear	einen Regenmantel ~ / einen Pullover ~ / ein Kleid ~
(sich) umziehen[1]	get changed, change	sich zum Weggehen ~
ausziehen[1]	undress	den Mantel ~ / die Schuhe ~ / sich ~
nackt	naked	~ sein / sich ~ ausziehen / ~ baden

1 anziehen: zieht an – zog an – hat angezogen
2 anhaben: hat an – hatte an – hatte angehabt

36 Wäsche

die Wäsche	washing, underwear, (bed)clothes	~ waschen / die saubere ~ / die Bett~
die Waschmaschine, -n	washing machine	die ~ anstellen / die ~ ausstellen
das Waschpulver	washing powder	ein Paket ~ kaufen

Kleidung

schmutzig	dirty	die ~e Wäsche / das ~e Handtuch / sich die Hände ~ machen
der Fleck, -en	stain, spot, mark	einen ~ in der Jacke haben / den ~ entfernen
sauber / rein	clean	~e Wäsche / ~e Strümpfe
waschen[1]	wash	die Wäsche ~ / gründlich ~
spülen	rinse	die Wäsche ~ / kalt ~
trocknen	dry	die Wäsche ~ lassen
bügeln	iron	die Unterwäsche ~ / die Hosen ~
das Bügeleisen, -	iron	das ~ einschalten / Das ~ ist heiß.
die Reinigung, -en	dry-cleaner	die Hose zur ~ bringen
reinigen	dry-clean	den Anzug ~ lassen
die Bürste, -n	brush	die Kleider~ / die Schuh~

1 waschen: wäscht – wusch – hat gewaschen

37 Nähen

nähen	sew	einen Rock ~ / den Knopf an~
die Nähmaschine, -n	sewing machine	die elektrische ~
die Schere, -n	scissors	mit der ~ den Stoff schneiden
der Stoff, -e	material	der Kleider~ / der Woll~
die Baumwolle	cotton	ein Unterhemd aus ~
die Wolle	wool	ein Pullover aus ~ / die Schur~
anprobieren	try on	den Anzug ~ / die Jacke ~
eng	tight	Die Jacke ist zu ~.
passen	fit	Die Jacke passt. / Die Schuhe ~.
das Loch, ¨er	hole	das Knopf~ / ein ~ im Strumpf
die Mode, -n	fashion	die neuste ~ / die ~n·schau
der Trend, -s	trend	der neue ~ / dem ~ folgen
chic/schick	chic, smart	eine ~e Lederjacke / sich ~ anziehen
elegant	elegant	eine ~e Dame / ein ~er Mantel
hübsch	pretty	ein ~es Kleid / die ~e Bluse

38 Schmuck

▼ 153 Geschmack

der Schmuck	jewellery	das ~stück / der Mode~
der Ring, -e	ring	einen ~ am Finger haben / der Trau~
das Armband, ⸚er	bracelet	das goldene ~ / ein ~ tragen
die Kette, -n	necklace	eine ~ tragen / die schöne ~
das Gold	gold	der ~schmuck / ein Ring aus ~
das Silber	silver	eine Ohrring aus ~
die Perle, -n	pearl	die ~n-kette
der Edelstein, -e	jewel, precious stone	ein Ring mit einem ~
der Diamant, -en	diamond	ein wertvoller ~ / der ~ring
der Juwelier, -e	jeweller	das ~geschäft / beim ~ Schmuck kaufen

TEST

Ergänzen Sie.

1. Zum Schneiden des Stoffes benutzt man eine _____ 2. Einen Pullover macht man aus _____ 3. Im Theater lässt man den Mantel an der _____ 4. Schmuck kauft man beim _____ 5. Der Ring ist aus einem gelben Metall: der Ring ist aus _____

Gegensätze

1. sauber: _____ 2. anziehen: _____ 3. Die Hose muss geändert werden: die Hose _____

Ordnen Sie in der richtigen Reihenfolge. bügeln, waschen, trocknen, spülen:

_____ - _____ - _____ - _____

Wohnen

39 Wohnort

der Ort, -e	place	der Wohn~ / der ~s·name / der Vor~
wohnen	live	in München ~ / „Wo ~ Sie?" / Sie wohnt im Hotel „Bayerischer Hof".
die Stadt, ⸚e	town	die Groß~ / die Klein~ / die Alt~ / die Innen~ / der ~teil / in die ~ gehen
städtisch	municipal	das ~e Krankenhaus
der Stadtplan, ⸚e	town/city plan	ein ~ von Berlin
das Zentrum, Zentren	centre	im Stadt~ wohnen
zentral	central	~ gelegen
die Umgebung, -en	surrounding area	die ~ der Stadt / die schöne ~ von Berlin
das Dorf, ⸚er	village	auf dem ~ wohnen / ein kleines ~

40 Haus

das Gebäude, -	building	ein großes ~ / das Fabrik~
der Wohnblock, -s	block of flats	in einem ~ wohnen
das Haus, ⸚er	house	das Wohn~ / das Hoch~ / ein Einfamilien~ kaufen/ nach ~e gehen
der Balkon [bal'koːn], -e	balcony	auf dem ~ sitzen / der Süd~
die Terrasse, -n	terrace	auf der ~ Kaffee trinken
das Erdgeschoss, -sse	ground floor, (US) first floor	im ~ wohnen / Die Wohnung befindet sich im ~.
die Etage [e'taːʒə], -n	storey	die erste ~ / die zweite ~
der Stock, - das Stockwerk	storey	im ersten ~ wohnen / Das Haus ist neun Stockwerke hoch.
die Treppe, -n	stairs, staircase	die ~ hinaufgehen / die Roll~
die Stufe, -n	stair, step	die ~n hinabgehen / Vorsicht ~!

der Aufzug, ⸚e	lift	den ~ benutzen / mit dem ~ in den fünften Stock fahren
das Dach, ⸚er	roof	das spitze ~ / das flache ~ / ein Zimmer unter dem ~ / die ~kammer
der Keller, -	cellar	in den ~ gehen / die ~treppe
der Hof, ⸚e	(back)yard, courtyard	der Hinter~ / Kinder spielen im ~.
der Hausmeister, -	caretaker, janitor	den ~ holen / Der ~ repariert den Wasserhahn.

41 Tür, Fenster

die Tür, -en	door	vor der ~ stehen / die ~ aufmachen / die ~ zumachen / die Haus~ / die Zimmer~
offen	open	die ~e Tür / Die Tür steht ~. / Das Geschäft ist bis 18 Uhr ~.
auf sein[1]	be open	Die Tür ist auf. / Das Fenster ist auf.
geschlossen	shut, closed	Die Tür ist ~. / Das Geschäft ist ~.
draußen	outside	~ stehen / ~ warten
klopfen	knock	an die Tür ~ / an~ / Es hat geklopft.
klingeln	ring the bell	an der Tür ~ / Es hat geklingelt.
aufmachen / öffnen	open	die Tür ~ / das Fenster ~
zumachen / schließen[2]	shut, close	die Tür ~ / das Fenster ~
der Schlüssel, -	key	der Haus~ / der Auto~
abschließen[2]	lock (up)	die Tür ~
zu sein[1]	be shut/closed	Die Tür ist zu.
das Schloss, ⸚er	lock	das Tür~ / das Sicherheits~
stecken	put, be	den Schlüssel ins Schloss ~ / Der Schlüssel steckt (im Schloss).
der Eingang, ⸚e	entrance	der Haupt~ / am ~ / der ~ zum Museum
die Einfahrt, -en	entrance, driveway	~ freihalten! / die ~ zur Garage
hereinkommen[3]	enter	ins Zimmer ~
der Ausgang, ⸚e	exit	den ~ suchen / der Not~

Wohnung 44

verlassen[4]	leave	das Zimmer ~ / das Haus ~
das Fenster, -	window	durch das ~ sehen
das Glas, ¨er	glass	die ~scheibe / das Fenster~ / „Vorsicht, ~!" / Das ~ ist kaputt.
die Gardine, -n	curtain	die ~n zuziehen / neue ~n aufhängen
drinnen	inside	Er sah zum Fenster hinein, konnte aber ~ nichts erkennen.

1 auf sein: ist auf – war auf – ist auf gewesen
2 schließen: schließt – schloss – hat geschlossen
3 hereinkommen: kommt herein – kam herein – ist hereingekommen
4 verlassen: ich verlasse, er verlässt – verließ – hat verlassen

42 Wohnung

die Wohnung, -en	flat, apartment	die 2-Zimmer-~ / die Miet~
der Gang, ¨e	corridor	der lange ~ / der ~ zum Badezimmer
das Zimmer, -	room	das Wohn~ / das Kinder~/ ein ~ mit Dusche und Kochnische
der Raum, ¨e	room	ein großer ~
die Halle, -n	hall	die Eingangs~ / die Turn~
der Fußboden, ¨	floor	den ~ fegen
der Teppich, -e	carpet	der wertvolle ~ / der Perser~
die Decke, -n	ceiling	die Zimmer~ / die hohe ~
die Wand, ¨e	wall	die vier ~e / Bilder an die ~ hängen
die Ecke, -n	corner	Das Regal steht in der ~.
die Tapete, -n	wallpaper	die bunte ~ / neue ~n ankleben
einrichten	furnish (one's home)	die Wohnung ~ / sich schön ~
gemütlich	comfortable	eine ~e Wohnung / sich ~ einrichten ≠ un~
das Zuhause	home	mein ~

43 Möbel

das Möbel, -	furniture	das ~stück / moderne ~ / die Stil~
der Tisch, -e	table	am ~ sitzen / der runde ~ / der Schreib~
der Stuhl, ¨e	chair	auf dem ~ sitzen / der Küchen~
der Sessel, -	armchair	der bequeme ~
die Couch [kautʃ], -s	couch, sofa	auf der ~ sitzen / der ~tisch
das Kissen, -	cushion	das weiche ~ / das Kopf~
die Bank, ¨e	seat, bench	die Küchen~ / die Ofen~ / die Park~
der Sitz, -e	seat	der Vorder~ im Auto / der Rück~
der Platz, ¨e	seat	~ nehmen / der Sitz~ / Ist dieser ~ noch frei?
sich hinsetzen	sit down	sich einen Moment ~
(sich) setzen	sit down	sich auf den Stuhl ~ / sich in den Sessel ~
sitzen[1]	sit	auf dem Stuhl ~ / bequem ~
bequem	comfortable	es sich ~ machen / ein ~er Sessel
aufstehen[2]	get up, stand up	~ und sich verabschieden
stehen[2]	stand	vor der Tür ~ / am Fenster ~
der Schrank, ¨e	cupboard	der Wohnzimmer~ / der Kleider~
das Regal, -e	shelf	das Bücher~ / ein ~ aufstellen
möbliert	furnished	das ~e Zimmer

1 sitzen: sitzt – saß – hat gesessen
2 aufstehen: steht auf – stand auf – ist aufgestanden

44 Heizung

▼ 156 Kaltes Wetter

die Heizung, -en	heating	die Zentral~ / die Gas~ / die Öl~
der Ofen, ¨	stove	die ~heizung / am ~ sitzen
der Schornstein, -e	chimney	Der ~ raucht. / der ~feger
heizen	heat	die Wohnung ~ / mit Öl ~
warm	warm	das Zimmer ~ machen / Es ist ~.
die Wärme	warmth	eine angenehme ~

Haushalt

| kalt | cold | Es ist ~. / Mir ist ~. / sehr ~ / ~e Füße |
| frieren[1] | freeze | an den Füßen ~ / er~ |

1 frieren: friert – fror – hat gefroren

45 Haushalt ▲ 24 Küche ▲ 36 Waschen

der Haushalt, -e	household, housekeeping	die ~s·geräte / den ~ führen
die Hausfrau, -en	housewife	eine gute ~
schmutzig	dirty	Der Teppich ist ~. / etw. ~ machen
der Staub	dust	mit dem ~tuch den ~ wischen
sauber machen	clean	die Wohnung ~ / das Badezimmer ~
putzen	clean	die Fenster ~
wischen	wipe	den Fußboden ~ / den Tisch ab~
der Besen, -	broom, brush	mit dem ~ fegen / der ~stiel
fegen	sweep	die Küche aus~
sauber	clean	Die Wohnung ist ~. / die Küche ~ machen
der Müll	rubbish, garbage	der ~eimer / etw. in den ~ werfen
durcheinander	in a mess/muddle	Alles liegt ~.
aufräumen	tidy up	das Zimmer ~ / den Schreibtisch ~
ordentlich	tidy	~ sein / Alles ist ~.
die Ordnung	order, tidyness	~ halten / ~ machen / die ~s·liebe
ordnen	arrange, organize	die Papiere ~ / die Wäsche ~

46 Hausbau

der Architekt, -en	architect	Der ~ plant das Haus.
der Grundriss, -e	plan	der ~ des Hauses
der Bau, die Bauten	construction, building	mit dem ~ beginnen / die ~stelle / der ~herr / der ~arbeiter / ein ~ aus den 70er Jahren
bauen	build	ein Haus ~ / das alte Haus um~
die Mauer, -n	wall	die dicke ~
der Beton [be'tɔŋ]	concrete	eine Zimmerdecke aus ~
der Ziegel, -	brick, tile	die ~steine / die Dach~

47 Mieter

das Mietshaus, ⸚er	block of (rented) flats/apartments	ein großes ~ / in einem ~ wohnen
der Makler, -	estate agent, realtor	die Wohnung über einen ~ bekommen
die Vermittlung, -en	commission	die Zimmer~
vermieten	rent (to s.o.)	eine Wohnung ~ / „Zu ~!"
der Mieter, -	tenant	alle ~ des Hauses // die Mieterin
der Bewohner, -	tenant, inhabitant	der Haus~ / die ~ grüßen
mieten	rent (from s.o.)	eine Wohnung ~ und beziehen
der Mietvertrag, ⸚e	rental/tenancy agreement	einen ~ abschließen / den ~ kündigen
die Miete, -n	rent	„Wie hoch ist die ~?" / die ~ bezahlen
wohnen	live	in Köln ~ / im Hochhaus ~
der Nachbar, -n	neighbour	ein freundlicher ~ // die Nachbarin
einziehen[1]	move in	in die Wohnung ~
ausziehen[1]	move out	aus der Wohnung ~
umziehen[1]	move	nach München ~ / in eine Neubauwohnung ~
der Umzug, ⸚e	move, removal	der ~ nach Hannover
die Unterkunft, ⸚e	accommodation	eine ~ finden / jdm. ~ gewähren

1 einziehen: zieht ein – zog ein – ist eingezogen

48 Brand, Feuerwehr

der Brand, ¨-e	fire	in ~ geraten / den ~ löschen
brennen[1]	burn, be on fire	Das Feuer brennt. / Das Haus brennt.
das Feuer	fire	das ~ löschen / Das ~ vernichtete viele Häuser.
der Rauch	smoke	die ~wolke / Der ~ steigt auf.
die Feuerwehr, -en	fire brigade	die ~ alarmieren / der ~mann
löschen	put out, extinguish	das Feuer ~ / den Brand ~

[1] brennen: brennt – brannte – hat gebrannt

TEST

Ergänzen Sie.

1. Köln hat 1 Million Einwohner; Köln ist eine _____, Wiesbach hat nur 1 000 Einwohner; Wiesbach ist ein _____ 2. Im Kaufhaus braucht man keine Treppen zu steigen; man benutzt entweder den _____ oder die _____ 3. Der Teppich liegt auf dem _____; die Lampe hängt an der _____; die Tapeten kleben an der _____ 4. Der Rauch kommt aus dem _____ _____ Wenn die Heizung an ist, ist das Zimmer _____ In einem kalten Zimmer wird man bald _____

Definitionen

1. Haus mit Wohnungen: _____ 2. Geld, das der Mieter jeden Monat an den Hauseigentümer bezahlt: _____ 3. Heller, durchsichtiger Stoff vor den Fenstern: _____ 4. Buntes Papier an den Wänden: _____ 5. Teppiche in die neue Wohnung legen, Möbel aufstellen, Tapeten ankleben: _____ 6. In eine andere Wohnung ziehen: _____ 7. Leute, die in der Nebenwohnung wohnen: _____

Gegensätze

1. der Eingang: der _____ 2. sich hinsetzen: _____

3. warm: _____ 4. schmutzig machen: _____

Seelischer und geistiger Bereich, Gefühle

49 Charakter

der Charakter [ka'raktɐ]	character	der ~ eines Menschen / einen guten ~ haben
die Eigenschaft, -en	quality, characteristic	eine Charakter~ / eine gute ~
die Gewohnheit, -en	habit	etw. aus ~ tun / eine ~ haben
(sich) gewöhnen	get used (to)	sich an etw. ~ / gewöhnt sein etw. zu tun
das Gefühl, -e	feeling, emotion	seine ~e zeigen / ein gutes ~ / das ~ haben, dass etw. passiert
fühlen	feel	einen Schmerz ~ / sich glücklich ~ / sich schlecht ~
die Stimmung, -en	mood	in guter ~ sein / die schlechte ~
die Laune	mood	die gute ~ / schlechte ~ haben / Sie ist heute guter ~.
die Psychologie	psychology	~ studieren

50 Angenehme Gefühle   ▼ 94 Liebe ▼ 120 Erfolg ▼ 179 Hoffnung

angenehm	pleasant	~e Reise! / ein ~er Mensch
das Glück	happiness, luck	jdm. ~ wünschen / zum ~ / das ~s·gefühl
glücklich	happy	~ sein / jdn. ~ machen / „Ein ~es neues Jahr!" ≠ un~
froh	glad	Ich bin darüber ~. / ein ~es Ereignis
zufrieden	content, satisfied	~ sein / Ich bin damit ~. / einen ~en Eindruck machen
wohl	well	sich ~ fühlen / ~·tätig
das Wohl	well-being	das ~ der Familie / „Zum ~e!"
sich freuen	be pleased	sich über die Geschenke ~ / sich auf die Ferien ~ / Es freut ihn, dass …

die Freude	joy	eine große ~ / jdm. eine ~ machen / Das macht mir ~.
sich amüsieren	have a good time	sich gut ~ / sich auf dem Fest ~
fröhlich	cheerful, happy	ein ~es Kind / ~ singen / ~ sein
der Humor	humour	Sinn für ~ haben / viel ~ haben
lächeln	smile	freundlich ~ / jdm. zu~ / ironisch ~ / ~d grüßen / über jdn. ~
lustig	funny	~ sein / sich über jdn. ~ machen / ein ~er Clown
lachen	laugh	laut ~ / über etw. ~ / sich tot~ über etw. / über jdn. ~
das Vergnügen	pleasure	Das macht mir ~. / „Viel ~!"
der Spaß	fun	einen ~ machen / Das Spiel macht ~. / „Viel ~!" / Das macht mir ~.
der Witz, -e	joke	einen ~ erzählen / über einen ~ lachen
komisch	funny	ein ~er Einfall / ein ~er Kerl
albern	silly	ein ~es Mädchen / sehr ~ sein
lächerlich	ridiculous	sich ~ machen / Das finde ich ~.

Seelischer und geistiger Bereich, Gefühle

51 Unlustgefühle

▼ 86 Tod ▼ 96 Streiten ▼ 120 Misserfolg

enttäuschen	disappoint	jdn. ~ / von etw. enttäuscht sein / eine ~de Erfahrung
das Unglück	unhappiness	ein großes ~ / Die Scheidung von seiner Frau war für ihn ein großes ~.
das Pech	bad luck	~ haben / der ~vogel
die Sorge, -n	worry	~n haben / sich ~n um die Zukunft machen / jdm. ~n machen
sorgen	worry	sich um jdn. ~ / sich um die Kinder ~ / für jdn. ~ / dafür ~, dass alles klappt
ernst	serious	ein ~es Gesicht machen / ein ~es Problem / etw. ~ nehmen
traurig	sad	~ sein / ein ~es Gesicht machen / ~ aussehen / eine ~e Nachricht

Gefahr

Seelischer und geistiger Bereich, Gefühle

weinen	cry, weep	~ müssen / um jdn. ~ / jdn. be-~n in den Augen haben / die ~n fließen / sich die ~n abwischen
die Träne, -n	tear	
klagen	complain, moan	jdm. sein Leid ~ / Die Patientin klagt über Schmerzen.
ach!	oh!	„~ Gott!" / „ ~, das tut mir leid!"
schade	a pity	es ist ~ / „~, dass sie nicht kommt!"
bedauern	regret	etw. ~ / jdn. ~ / „Du bist zu ~ !"
trösten	console, comfort	jdn. ~ wollen / das weinende Kind ~
die Verzweiflung	despair	etw. aus ~ tun / jdn. zur ~ bringen

52 Gefahr

▼ 107 Krieg ▼ 109 Polizei

die Gefahr, -en	danger	sich in ~ bringen / außer ~ sein / Sein Vorhaben ist in ~. / in Lebens~ sein / etw. auf eigene ~ tun
gefährlich	dangerous	sehr ~ / Das ist mir zu ~. / ein ~es Abenteuer
die Lebensgefahr	mortal danger	sich in ~ bringen / in ~ sein
der Alarm, -e	alarm	~ auslösen / den ~ hören
schlimm	bad	Die Wunde sieht ~ aus. / Das ist ~.
das Risiko, die Risiken	risk	Das ~ ist zu groß. / das ~ auf sich nehmen / jedes ~ vermeiden
drohen	threaten	jdm. ~ / mit Strafe ~ / sich bedroht fühlen
warnen	warn	jdn. vor einer Gefahr ~ / „Ich möchte Sie ~!"
Achtung!	Watch out! Attention! On your marks!	„~, Lebensgefahr!" / „~, fertig, los!"
aufpassen	pay attention	„Pass auf!" / „Du sollst ~!" / auf die Kinder ~ / beim Radfahren gut ~
vorsichtig	careful	~ sein / ~ fahren ≠ un~
die Vorsicht	care, caution	~s·maßnahmen treffen / ~! Die Straße ist glatt.

der Notruf, -e	emergency call/ number	Der ~ hat die Nummer 110.
die Hilfe	help	um ~ rufen / „~!" / die ~leistung / erste ~ leisten
retten	save, rescue	jdn. aus Lebensgefahr ~ / sich ~
die Rettung, -en	rescue	das ~s·boot
schützen	protect	sich vor Kälte ~ / jdn. be~
der Schutz	protection	~ suchen / ~ finden / die ~farbe
sicher	safe	~ sein / sich ~ sein / ~ fahren / der ~ste Weg zum Erfolg ≠ un~
die Sicherheit	safety, certainty	sich in ~ bringen / in ~ sein ≠ die Un~
sichern	protect, make secure	sich ~ / die Tür ~

53 Angst, Mut

die Angst	fear	vor etw. ~ haben / vor ~ zittern / „Du brauchst keine ~ zu haben!"
ängstlich	anxious, timid	~ sein / sich ~ verstecken / ein ~es Kind
(sich) fürchten	be afraid	sich vor etw. ~ / Er fürchtet, dass er zu spät kommt.
furchtbar	awful, terrible	ein ~es Unglück / Das ist ~. / Das ist ~ traurig.
schrecklich	awful, terrible	eine ~e Nachricht / eine ~e Katastrophe
der Schreck, -en	shock, fright	einen ~ bekommen / vor ~
erschrecken	frighten	jdn. ~ / „Du hast mich erschreckt!"
zittern	tremble	vor Angst ~ / Die Hände ~ ihm.
der Feigling, -e	coward	Er ist ein ~. / sich wie ein ~ benehmen
wagen	dare	etw. ~ / zuviel ~
aufs Spiel setzen	risk	sein Leben ~
das Selbstvertrauen	self-confidence	das nötige ~ haben / kein ~ haben
mutig	brave, bold	~ sein / eine ~e Tat
der Mut	courage	~ zeigen / ~ haben / jdm. ~ machen
tapfer	brave, courageous	~ sein / die Krankheit ~ ertragen

TEST

Welche Wörter passen zusammen?

(vorsichtig, weinen, sich freuen, ängstlich)

1. Lachen: _____ 2. Gefahr: _____

3. Tränen: _____ 4. Feigling: _____

Gegensätze

1. gute Laune: _____ 2. Glück: _____

3. zufrieden: _____ 4. lachen: _____

5. glücklich: _____ 6. ängstlich: _____

7. vorsichtig: _____ 8. Gefahr: _____

9. tapfer sein: ein _____ sein.

Definitionen

1. Übertrieben lustig: _____ 2. Übertrieben mutig: _____

3. Sehr lachen: sich _____ 4. Nur wenig lachen: _____

5. Eine kurze Geschichte zum Lachen: _____ 6. Viel Spaß haben: sich _____ 7. Die größte Gefahr für einen Menschen: _____

Moral, Religion

54 Moral ▼ 94 Liebe ▼ 92 Gute Umgangsformen ▼ 108 Verbrechen ▼ 119 Helfen, schaden

die Moral	morality, morals	die christliche ~ / die strenge ~
das Gewissen	conscience	ein gutes ~ haben / ein schlechtes ~ / ein ruhiges ~ / ~s·bisse haben
die Pflicht, -en	duty	seine ~ erfüllen / Das ist meine ~. / das ~bewusstsein
gut/besser/am besten	good/better/best	eine ~e Tat / ein ~er Mensch / ~mütig
edel	noble, honourable	ein edler Mensch / das ist ~
menschlich	human	sich ~ zeigen / irren ist ~ ≠ un~
das Mitleid	pity, sympathy	~ haben mit jdm. / ~ zeigen
tolerant	tolerant	~ sein / ~ gegenüber jdm. ≠ in~
schlecht	bad	in ~er Gesellschaft sein / Das finde ich ~.
böse	wicked	eine ~e Tat
die Schuld	fault, blame, guilt	Das ist meine ~. / jdm. die ~ geben / die ~ auf sich nehmen / das ~gefühl / schuld sein
die Sünde, -n	sin	eine ~ begehen / seine ~n beichten
bereuen	regret, repent (of)	eine Sünde ~ / die böse Tat ~ / bitter ~

55 Religion

die Religion, -en	religion	die christliche ~ / der ~s·unterricht
christlich ['krɪstlɪç]	Christian	der ~e Glaube / die ~e Nächstenliebe
fromm	devout, pious	ein ~er Christ / ein ~er Mensch
glauben	believe	an Gott ~ / an das Gute im Menschen ~
der Gott, ̈-er	God	der liebe ~ / „~ sei Dank!"
heilig	holy	die ~e Messe / der ~e Georg

die Seele, -n	soul	die unsterbliche ~ / ein Herz und eine ~
der Himmel	heaven	in den ~ kommen
die Hölle	hell	in die ~ kommen
der Teufel, -	devil	ein Werk des ~s

56 Kirche

die Kirche, -n	church	die christliche ~ / eine ~ aus dem 18. Jahrhundert / eine barocke ~
die Konfession, -en	denomination, religion	„Welcher ~ gehören Sie an?"
evangelisch	protestant	~ sein
katholisch	catholic	~ sein / die ~e Kirche
der Pfarrer, -	parish priest, vicar, minister	der Gemeinde~ / mit dem ~ sprechen
der Priester, -	priest	der katholische ~ / ein guter ~ sein
der Dom, -e	cathedral	der Kölner ~ / der gotische ~
die Glocke, -n	bell	die ~n läuten / die Kirchen~n
der Gottesdienst, -e	(church) service	den ~ besuchen
die Messe, -n	mass	die heilige ~ / zur ~ gehen
das Gebet, -e	prayer	ein ~ sprechen / das Abend~
beten	pray	zu Gott ~ / das Vaterunser ~
der Feiertag, -e	(public) holiday religious festival	der kirchliche ~ / die Weihnachts~e
Weihnachten	Christmas	sich auf ~ freuen / „Fröhliche ~!"
der Karneval	carnival	der ~s·verein
der Fasching	carnival	der ~s·umzug
der Karfreitag	Good Friday	der ~s·gottesdienst
Ostern	Easter	die Osterferien / das Osterei / der Osterhase
Pfingsten	Whitsun	Bald ist ~.

TEST

Definitionen

1. Christentum, Islam, Buddhismus sind _____ 2. Ein Vergehen gegen Gottes Gebote: _____ 3. Großes Gebäude für den Gottesdienst: _____ 4. Sehr große Kirche: _____ 5. Der katholische Gottesdienst: _____ 6. Der Ort, wo der Teufel ist: _____ 7. Jemand, der auch andere Religionen achtet, ist _____ 8. Jemand, der an Gott glaubt, ist _____ 9. Jemand, der viele gute Eigenschaften hat, ist _____

Kirchliche Feiertage

1. 25. Dezember: _____ 2. Der Tag, an dem Christus gekreuzigt wurde: _____ 3. Der Tag der Auferstehung Christi: _____ 4. Das Fest 50 Tage nach Ostern: _____

Wortpyramide

1. nicht böse
2. der Herr der Welt
3. an Gott gerichtete Worte
4. hängt im Kirchturm
5. für wahr halten
6. innere Stimme, die mir sagt, was gut und böse ist

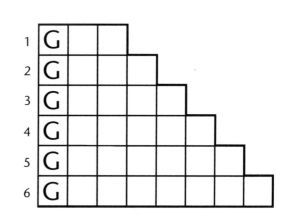

Wille

57 Entschluss ▼ 179 Zukunft

die Möglichkeit, -en	possibility	viele ~en haben / Es gibt nur zwei ~en.
entweder ... oder	either ... or	~ heute ~ morgen / ~ er ~ ich
alternativ	alternative	~e Vorschläge prüfen
ankommen¹	depend	Es kommt darauf an.
vorziehen²	prefer	die eine Möglichkeit ~
ausschließen³	exclude, rule out	eine Möglichkeit ~ / Das ist völlig ausgeschlossen.
wählen	choose, select	zwischen zwei Möglichkeiten ~ / Ich wähle dieses Kleid.
die Entscheidung, -en	decision	eine ~ treffen
entscheiden⁴	decide, make up one's mind	alleine ~ / sich für etw. ~ / sich gegen etw. ~ / sich endlich ~ / ein ~des Argument
sich entschließen⁵	decide, make up one's mind	sich zu etw. ~
beschließen³	decide	~ etw. zu tun / über etw. ~ / Maßnahmen ~ / Wir haben beschlossen, dass ...
der Entschluss, ⸚e	decision	einen ~ fassen / ein schwieriger ~
die Absicht, -en	intention	Das ist meine ~. / etw. mit ~ tun
der Wille	will, intention	mein fester ~ / der freie ~ / der gute ~ / seinen ~n durchsetzen
wollen⁶	wish (to), want (to)	helfen ~ / „Wie Sie ~!" / Lehrerin werden ~
vorhaben⁷	intend, have plans	etw. ~ / „Was haben Sie heute vor?"
entschlossen sein	be determined	fest ~ etw. zu tun
der Plan, ⸚e	plan	einen ~ haben / einen ~ ausführen
das Projekt, -e	project	an einem ~ arbeiten / ein neues ~
planen	plan	die Arbeit ~ / eine Reise ~
die Lust	desire, wish	~ haben etw. zu tun / Ich hätte ~ dazu.

Wille

der Zweck, -e	purpose	„Zu welchem ~?" / Es hat keinen ~. / einem ~ dienen
damit	thereupon; so that	~ verließ er das Zimmer / „Schließe die Fenster, ~ es nicht zieht!"
um zu	(in order) to	viel arbeiten ~ Geld ~ verdienen

1 ankommen: kommt an – kam an – ist angekommen
2 vorziehen: zieht vor – zog vor – hat vorgezogen
3 ausschließen: schließt aus – schloss aus – hat ausgeschlossen
4 entscheiden: entscheidet – entschied – hat entschieden
5 sich entschließen: entschließt sich – entschloss sich – hat sich entschlossen
6 wollen: will – wollte – hat gewollt
7 vorhaben: hat vor – hatte vor – hat vorgehabt

58 Bitte, Befehl

▼ 105 Militär   ▼ 116 Arbeitgeber

sich wenden	turn	sich mit einer Bitte an jdn. ~
beraten[1]	advise, give advice	sich vom Fachmann ~ lassen / den Kunden gut ~ / gut ~ werden
der Rat (Ratschläge)	(piece of) advice	jdn. um ~ fragen / jdm. einen ~ geben / den ~ befolgen
der Vorschlag, ⁻e	suggestion	ein guter ~ / jdm. einen ~ machen / den ~ annehmen
vorschlagen[2]	suggest, propose	jdm. etw. ~ / „Was schlägst du vor?"
überreden	persuade	jdn. zu etw. ~ / sich ~ lassen
beeinflussen	influence, affect	jdn. ~ / sich ~ lassen / Die Technik beeinflusst den Menschen.
der Einfluss, ⁻e	influence	einen großen ~ haben / ~ ausüben
bitten	ask, request	jdn. um etw. ~
die Bitte, -n	request	eine ~ haben / eine ~ aussprechen / eine ~ erfüllen / eine ~ abschlagen
lassen[3]	have (s.th. done)	jdn. rufen ~ / jdn. zu etw. veran~ / „Lass das Rauchen!"

Zustimmung, Gehorsam

Wille

sollen	should, ought to	Sie soll kommen. / „Was soll ich machen?" / „Soll ich?" / Das soll bis nächste Woche fertig sein? / Du solltest lieber hingehen.
beauftragen	entrust, order	jdn. mit etw. ~
die Anordnung, -en	order	eine ~ des Chefs
die Anweisung, -en	instruction	jdm. ~en geben / die ~ befolgen
auffordern	ask, call on s.o.	jdn. zu etw. ~ / aufgefordert werden
die Aufforderung, -en	request, demand	eine ~ der Polizei / einer ~ nachkommen / sich einer ~ widersetzen
verlangen	demand	etw. energisch ~ / Ich verlange, dass … / am Telefon verlangt werden
möglichst	if possible; as … as possible	~ bald / ~ schnell / Wir brauchen ein Zimmer, ~ mit eigener Dusche.
dringend	urgent	Das muss ~ geschehen. / jdn. ~ sprechen wollen
bestimmen	fix, decide (on), determine	alles allein ~ / einen Termin ~
der Befehl, -e	order	einen ~ geben / den ~ ausführen
zwingen[4]	force	jdn. zu etw. ~ / jdn. ~ etwas zu tun

1 beraten: ich berate, er berät – beriet – hat beraten
2 vorschlagen: ich schlage vor, er schlägt vor – schlug vor – hat vorgeschlagen
3 lassen: ich lasse, er lässt – ließ – hat gelassen
4 zwingen: zwingt – zwang – hat gezwungen

59 Zustimmung, Gehorsam ▼ 73 Bejahung

die Zustimmung, -en	agreement	seine ~ geben / die ~ haben
einverstanden	agreed, in agreement	„~!" / Ich bin mit allem ~.
abmachen	agree	einen Termin ~ / „Abgemacht!"
positiv	positive	eine ~e Antwort / ~ reagieren
dafür	in favour	ich bin ~ / sich ~ aussprechen
meinetwegen	as far as I'm concerned	„~, ich habe nichts dagegen."

die Erlaubnis	permission	um ~ bitten / die ~ geben / die ~ bekommen / die ~ haben
die Genehmigung, -en	permission	die ~ beantragen / die ~ erhalten
erlauben	allow, permit	jdm. etw. ~ / ~ etw. zu tun
möglich	possible	das ist schon ~ / es wäre ~ ≠ un~
lassen[1]	let	jdn. hereinkommen ~ / Das kann ich nicht zu~. / keinen Widerspruch zu~ / sich nichts gefallen ~ / Die Sache lässt sich regeln.
dürfen[2]	be allowed to, may	„Darf ich hereinkommen?“
gern/lieber/am liebsten (tun, haben)	like, prefer, like best	„Ich trinke lieber Wasser.“ / etw. ~ tun / ≠ un~
prima	great	Das ist ~! / Das finde ich ~.
brauchen	need (to)	Du brauchst nichts mehr zu tun.
müssen[3]	have to, must	arbeiten ~ / sich beeilen ~ / Das muss sein.
gehorchen	obey	dem Befehl ~ / jdm. ohne Widerspruch ~

1 lassen: ich lasse, er lässt – ließ – hat gelassen

2 dürfen: darf – durfte – hat gedurft

3 müssen: muss – musste – hat gemusst

60 Ablehnung

▼ 73 Verneinen

dagegen	against	ich bin ~ / etw. ~ haben / ~ stimmen
das Bedenken, -	reservation, doubt	ich habe ~ / ~ äußern
zögern	hesitate	mit etw. ~ / noch ~ / ohne zu ~
negativ	negative	ein ~er Bescheid / ~ reagieren
ablehnen	turn down, reject	einen Vorschlag ~ / die Verantwortung ~ / einen Antrag ~ / es ~, etwas zu tun
die Ablehnung, -en	disapproval, rejection refusal	auf ~ stoßen / die ~ des Vorschlags
protestieren	protest	gegen etw. ~ / heftig ~
der Protest, -e	protest	~ einlegen / die ~versammlung
die Demonstration, -en	demonstration	eine ~ für oder gegen etw. organisieren / eine ~ findet statt

Wille

der Widerstand, ⸚e	resistance	~ leisten / ~ gegen die Staatsgewalt
das Verbot, -e	ban	ein ~ aussprechen / ein ~ beachten
verbieten[1]	forbid	jdm. etw. ~ / streng verboten
unmöglich	impossible	„Das ist leider ganz ~!"
verhindern	prevent	einen Streit ~ / das Unglück ~
der Kompromiss, -sse	compromise	einen ~ suchen / der ~vorschlag / einen ~ finden

1 verbieten: verbietet – verbot – hat verboten

TEST

Ordnen Sie die folgenden Wörter. (Beginnen Sie mit dem schwächsten Begriff und enden Sie mit dem stärksten.) 1. Bitte, Aufforderung, Vorschlag, Befehl, Rat:

_____, _____, _____, _____,

_____ 2. Protest, Ablehnung, Widerstand, Bedenken: _____,

_____, _____, _____

Gegensätze

1. dafür sein: _____ sein. 2. die Ablehnung: _____ 3. zustimmen: _____ 4. das Verbot: _____ 5. verbieten: _____

Welches Substantiv gehört zu den Verben? 1. wollen: der _____ 2. planen: der _____ 3. beraten: die _____ 4. befehlen: der _____ 5. bitten: die _____ 6. auffordern: die _____ 7. beeinflussen: die _____ 8. erlauben: die _____ 9. ablehnen: die _____ 10. protestieren: der _____ 11. verbieten: das _____

Denken

61 Geist

der Geist	intellect	der menschliche ~
die Vernunft	reason	die kritische ~
vernünftig	sensible, reasonable	„Sei doch ~!"
der Verstand	mind	einen klaren ~ haben / der scharfe ~
intelligent	intelligent	~ sein / jdn. für ~ halten
klug	clever, wise	~ sein / sich ~ verhalten / ein ~er Schüler / es wäre ~ dies nicht zu tun
dumm	stupid, silly	eine ~e Antwort geben / ein ~er Schüler / eine ganz ~e Sache / „Es war ~, das zu tun." / „Jetzt wird mir das aber doch zu ~!"
die Phantasie / Fantasie	imagination	eine lebhafte ~ haben / mit viel ~
(sich) vorstellen	imagine	sich etw. ~ / „Das kann ich mir nicht ~."
die Vorstellung, -en	idea, imagination	sich eine klare ~ machen von etw.
die Illusion, -en	illusion	sich ~en machen
die Wirklichkeit	reality	die ~ sehen / in ~
wirklich	real	das ~e Leben / Deine Idee ist ~ die beste.
der Einfall, -̈e	idea	einen guten ~ haben
die Idee, -n	idea	„Ich habe eine ~!" / Das war keine gute ~.
einfallen[1]	think of	Mir ist etwas eingefallen.
der Gedanke, -n	thought	einen ~ fassen / ein guter ~ / seine ~n äußern / in ~n (versunken) sein
denken[2]	think	an etw. ~ / logisch ~
nachdenken[2]	reflect	über den Vorschlag ~ / lange ~
(sich) überlegen	consider, think about	sich etw. lange ~ / Diese Alternative wäre zu ~.

Denken

sich konzentrieren	concentrate	sich auf seine Arbeit ~
logisch	logical	ein ~er Gedankengang ≠ un~
kritisch	critical	sich ~ äußern / sehr ~ sein ≠ un~
die Kritik	criticism	an etw. ~ üben / ~ äußern / Der Film bekam eine gute ~.
realistisch	realistic	etw. ~ beurteilen
sachlich	objective	~ argumentieren / ≠ un~
analysieren	analyse	die Situation ~ / die Einzelheiten ~
trennen	separate, distinguish between	die Begriffe ~ / Das lässt sich nicht ~.
der Philosoph	philosopher	Kant war ein großer deutscher ~.
der Sinn	meaning, sense	nach dem ~ fragen / der ~ des Textes
das Sprichwort, ⸚er	proverb	ein altes ~ / Wie das ~ sagt: ...

1 einfallen: fällt ein – fiel ein – ist eingefallen
2 denken: denkt – dachte – hat gedacht

62 Aufmerksamkeit, Interesse

die Aufmerksamkeit	attention	um ~ bitten / die ~ auf sich ziehen
aufmerksam	attentive	~ zuhören / jdn. auf etw. ~ machen ≠ un~
achten	pay attention	auf etw. ~ / auf die Fehler ~
angehen[1]	concern	Das geht dich nichts an.
bemerken	notice	etw. ~ / nichts ~
beachten	observe, (take) notice (of)	den Hinweis ~ / jede Kleinigkeit ~
neugierig	inquisitive, curious	Ich bin ~. / ein ~er Blick
das Interesse, -n	interest	lebhaftes ~ zeigen / großes ~ / wenig ~ finden / Das ist ohne ~ für mich. / Sie hat viele ~n.
interessieren	interest	sich für etw. ~ / Das Buch interessiert mich sehr. / an etw. interessiert sein
interessant	interesting	ein ~es Buch / Ich finde das sehr ~. / Das ist ja hoch~. ≠ un~

a̱uffällig	conspicuous	Es ist sehr ~. ≠ un~
wi̱chtig	important	sehr ~ sein / eine ~e Frage ≠ un~
we̱sentlich	fundamental	der ~e Unterschied / Das ist ~ besser. ≠ un~
Ha̱upt-	main	Die ~sache ist, dass ... / das ~problem
me̱rkwürdig	strange	ein ~er Mensch / eine ~e Geschichte / Das finde ich sehr ~.
origine̱ll	original	ein ~er Einfall / ein ~er Vorschlag
u̱nbedeutend	unimportant	eine ~e Einzelheit
nebenbe̱i	incidentally, in passing	etw. ~ machen / ~ gesagt / ~ bemerkt
die Ne̱bensache, -n	minor detail, beside the point	sich mit ~ aufhalten / „Das ist ~."
la̱ngweilig	boring	~ sein / ein ~er Film
ega̱l	of no importance	Mir ist das ~. / völlig ~

1 angehen: geht an – ging an – ist angegangen

63 Meinung

das Probl<u>e</u>m, -e	problem	Ich habe ein ~. / das ~ lösen
die Schwi<u>e</u>rigkeit, -en	difficulty	mit ~en rechnen / ~en machen / die ~en überwinden
schwi<u>e</u>rig	difficult	eine ~e Aufgabe / ein ~es Problem
komplizi<u>e</u>rt	complicated	eine ~e Frage / eine ~e Aufgabe ≠ un~
e̱infach	simple	eine ~e Erklärung finden / Das ist ganz ~.
le̱icht	easy	eine ~e Frage / Das Problem ist ~ zu lösen. / eine ~e Operation / ~e Arbeiten
die Lö̱sung, -en	solution	nach einer ~ suchen / eine ~ finden
lö̱sen	(re)solve	das Problem ~ / das Rätsel ~

Meinung

Denken

die Meinung, -en	opinion	Das ist meine persönliche ~. / seine ~ sagen / seine ~ ändern / Wir sind verschiedener ~. / meiner ~ nach / jdm. deutlich die ~ sagen
die Ansicht, -en	view	meiner ~ nach / Ich bin anderer ~. / Er ist der ~, dass...
der Eindruck, -̈e	impression	Mein ~ ist: ... / Ich habe den ~, dass ... / einen guten ~ machen
erscheinen[1]	seem, appear	Das Thema erscheint mir schwierig.
die Überzeugung, -en	conviction	die eigene ~ / die politische ~ / der ~ sein
der Standpunkt, -e	point of view	das ist mein ~ / einen ~ vertreten
grundsätzlich	absolutely, basically, fundamental(ly)	~ bin ich anderer Meinung. / Das ist von ~er Bedeutung.
glauben	believe	Ich glaube, dass ... / „Das ist kaum zu ~."
meinen	think, believe	Ich meine, dass ... / „Was ~ Sie?" / „Gut!", meinte sie. / Er meint das ganz anders.
finden[2]	find, think	Ich finde das richtig.
vermuten	suspect, suppose, presume	etw. ~ / Ich vermute das nur. / Er vermutet, dass ...
annehmen[3]	assume, presume	Ich nehme einmal an, dass...
die Vermutung, -en	suspicion, supposition	eine ~ haben / Die ~ ist zutreffend.
behaupten	claim, maintain	etw. ~ / Er behauptet, dass...
die Behauptung, -en	claim	Die ~ ist richtig. / eine falsche ~

1 erscheinen: erscheint – erschien – ist erschienen
2 finden: findet – fand – hat gefunden
3 annehmen: ich nehme an, er nimmt an – nahm an – hat angenommen

64 Beweis

▼ 76 Wahrheit sagen

der Beweis, -e	proof, (piece of) evidence	den ~ liefern / ~e haben
beweisen¹	prove	die Richtigkeit ~ / die Behauptung ~
der Grund, ¨-e	reason	die ¨-e nennen / gute ¨-e haben
begründen	give reasons for	den Vorschlag ~ / den Antrag ~
die Begründung, -en	reason(s)	eine ~ verlangen / die ~ geben
das Argument, -e	argument	ein gutes ~ / die ~e entkräften
warum	why	„~ hast du das getan?" / ~ wohl? / Er sagte nicht, ~ er gehen wollte.
weshalb	why	~ wartest du noch?
wieso	why	~? / Ich verstehe nicht, ~ …
weil	because	~ das wahr ist. / ~ ich keine Zeit habe.
denn	for, because	~ es ist wahr. / ~ ich habe keine Zeit.
deshalb	this is why, for this reason	~ ist sie nicht gekommen.
deswegen	this is why, for this reason	~ funktioniert das nicht.
daher	hence, so, therefore	Das kommt ~, dass …
darum	for this reason	~ ist es leider unmöglich.
wegen	because of, on account of	~ des schlechten Wetters / des Erfolgs ~ etw. tun
zustimmen	agree with/to	einem Vorschlag ~ / jdm. ~
richtig	correct	Die Behauptung ist ~. / Das ist ~.
recht	(all) right; very	Es ist mir ~, wenn er später kommt. / Das klingt ~ überzeugend.
Recht	right	„Du hast ~." ≠ Un~ haben / jdm. ~ geben
stimmen	be true/correct	Es stimmt, dass … / Das Argument stimmt.
überzeugen	convince	jdn. ~ können / Ich bin überzeugt, dass …
berücksichtigen	take account of, consider	eine Anmeldung ~

Zweifel

(sich) widersprechen[2]	contradict	„Da muss ich Ihnen ~ !" / Er widerspricht sich immer.
der Einwand, ⸚e	objection	ein berechtigter ~
aber	but	Das ist möglich, ~ nicht sicher. / „Das ist ~ schade!" / „~ gern!"
widerlegen	refute, disprove	ein Argument ~ / Das ist nicht zu ~.
falsch	false	eine ~e Aussage / Das ist ~.

1 beweisen: beweist – bewies – hat bewiesen
2 widersprechen: ich widerspreche, er widerspricht – widersprach – hat widersprochen

65 Zweifel ▲ 63 Vermutung ▼ 76 Wahrheit sagen, lügen

zweifeln	doubt, have doubts	an etw. ~
der Zweifel, -	doubt	~ haben / ohne jeden ~
vielleicht	perhaps, maybe	~ gelingt es / ~ hat sie Glück. / Kommt sie ~ zum Kaffee?
wohl	probably	Es ist ~ schon zu spät.
eventuell	possibly	Ich komme ~ etwas später.
möglich	possible	„Das ist schon ~." ≠ un~
scheinen[1]	seem, appear	Sie scheint krank zu sein.
angeblich	supposedly, allegedly	Sie ist ~ krank. / Er war ~ nicht zu Hause.
der Irrtum, ⸚er	mistake, error	Das ist ein ~. / einen ~ zugeben
sich irren	make a mistake, be mistaken	Ich habe mich geirrt. / „Sie ~ sich!" / Wenn ich mich nicht irre, sollten wir erst um 5 Uhr kommen.
das Missverständnis, -se	misunderstanding	Das ist nur ein ~. / ein ~ aufklären
missverstehen[2]	misunderstand	„Sie haben mich missverstanden."
verwechseln	confuse, get mixed up, mistake	zwei Dinge ~ / die Briefe ~ / jdn. ~
das Vorurteil, -e	prejudice	ein ~ haben / Das ist nur ein ~. / gegen ~e kämpfen
die Kontrolle, -n	check	eine ~ durchführen

prüfen	check	die Ergebnisse ~ / etw. über~ / nach~	
feststellen	discover, detect, find out, establish	einen Irrtum ~ / nichts ~ können / Stelle bitte die neue Adresse fest. / Ich möchte ~, dass dies für mich auf keinen Fall in Frage kommt.	Denken
wahrscheinlich	probable	Er kommt ~ noch. ≠ un~	
gewiss	certain	Sie kommt ganz ~. ≠ un~	
tatsächlich	indeed, in fact	Es ist ~ so. / Ich habe mich ~ geirrt.	
die Tatsache, -n	fact	die ~n kennen / Die ~n beweisen es.	
anscheinend	apparently	Sie hat den Termin ~ vergessen.	
jedenfalls	at any rate	Ich habe euch ~ so verstanden.	

1 scheinen: scheint – schien – hat geschienen
2 missverstehen: missversteht – missverstand – hat missverstanden

66 Erklärung

▲ 64 Beweis

unklar	unclear	Das ist mir ~.
unverständlich	incomprehensible	Das ist mir ~. / völlig ~
erklären	explain	Ich will dir alles ~. / jdm. etw. genau ~ / Das erklärt alles.
die Erklärung, -en	explanation	eine ~ suchen / dafür eine ~ geben
der Sinn	sense, meaning	den ~ der Sache verstehen
die Stellungnahme, -n	statement	eine ~ zu dem Vorfall abgeben
nämlich	namely, actually, in fact	Es war ~ so: ... / Er hat ~ gesagt: ...
verursachen	cause	einen Unfall ~ / den Schaden ~
die Ursache, -n	cause	die ~n suchen / die ~n kennen / „Vielen Dank!" „Keine ~!"
die Wirkung, -en	effect	~ haben / ohne ~ bleiben
wirken	have an effect, be effective	gut ~ / Die Drohung wirkt.
der Zweck, -e	purpose, point	„Zu welchem ~?" / Das hat keinen ~.

das Beispiel, -e	example	ein ~ geben / ein gutes ~ / zum ~
konkret	concrete	ein ~es Beispiel / im ~en Fall
klar	clear	~ machen / ~ stellen / „Ist es ~?" / eine ~e Antwort geben
deutlich	clear	etw. ~ machen / ein ~er Hinweis / jdm. ~ die Meinung sagen
verstehen[1]	understand	die Gründe ~ / alles gut ~ / Es ist so laut, dass ich sie kaum verstehe.
das Verständnis	comprehension	~ zeigen / ~ haben für etw. / kein ~ dafür aufbringen
der Zufall, ⸚e	chance, fate	Das ist nur ein ~. / So ein ~! / durch ~

1 verstehen: versteht – verstand – hat verstanden

67 Bedingung, Folgerung

die Bedingung, -en	condition	eine ~ stellen / Unter der ~, dass … / mit den ~en einverstanden sein
die Voraussetzung, -en	condition, prerequisite	Das ist eine wichtige ~. / unter der ~, dass …
sich beziehen[1]	refer	sich auf den Vorschlag ~ / sich auf ein Gespräch ~
abhängen[2]	depend	vom Angebot ~ / vom Wetter ~
abhängig	dependant	von jdm. ~ sein / sich ~ fühlen
wenn	if	~ das stimmt / ~ es möglich wäre
annehmen[3]	presuppose, presume	Einmal Folgendes angenommen: …
jedoch	however	Das ist ~ falsch.
allerdings	certainly; though	Das war ~ ein Fehler. / Ich bin ~ anderer Meinung.
obwohl	although	Sie arbeitet, ~ sie erkältet ist.
zwar	admittedly; to be precise	Ich bin ~ nicht reich, aber … / Die Prüfungen finden schon bald statt, und ~ schon nächste Woche.

Vergleich

trotzdem	nevertheless	Sie hat wenig Zeit, kommt aber ~.
trotz	despite	~ aller Bedenken / ~ des Regens
die Konsequenz, -en	consequence	Die ~en sind klar. / daraus die ~en ziehen / Das hat ~en!
die Folgerung, -en	conclusion	eine ~ ziehen
also	so	Es hat ~ keinen Zweck?
folglich	therefore	Es ist schon spät, ~ wird sie nicht mehr kommen.
dass	that	es ging alles so schnell, ~ ...
sodass	so that	Sie nahm sich viel Zeit, ~ sie nicht rechtzeitig ankam.

Denken

1 sich beziehen: bezieht sich – bezog sich – hat sich bezogen
2 abhängen: hängt ab – hing ab – hat abgehangen
3 annehmen: ich nehme an, er nimmt an – nahm an – hat angenommen

68 Vergleich

der Vergleich, -e	comparison	einen ~ anstellen / ein ~ zwischen zwei Texten / Im ~ zu ihr geht es ihm viel besser.
vergleichen¹	compare	zwei Texte ~ / zwei Angebote ~ / vgl. Seite 5
wie	as, like	listig ~ ein Fuchs / so groß ~ ich / ebenso groß ~ ich
als	than (comparative)	größer ~ ich / schneller ~ die andern
so	so, such	~ ein Mann / ~ einer / ~ etwas / ~ meine ich das nicht! / ~ tun, als wäre nichts gewesen.
die Übereinstimmung, -en	agreement	~en feststellen / die ~ der Meinungen / Es besteht keine ~ zwischen den Vorschlägen.
gleich	equal, the same	von ~er Größe / ~e Ansichten haben / am ~en Tag / „Mir ist das ganz ~."

Vergleich

Denken

auch	also	~ bei Regen findet der Ausflug statt. / „Ich gehe hin. Du ~?" / nicht nur, sondern ~ / sowohl als ~
genauso	just as, equally	~ viel / ~ aussehen wie seine Mutter
ebenfalls	likewise, as well	~ kommen / „Danke, ~!"
gleichfalls	likewise, also	
ebenso	just as/like	~ groß / Ich denke ~ wie du.
entsprechen[2]	correspond to	den Vorstellungen ~ / einen ~den Antrag stellen / der Leistung ~d bewerten
je	according to	~ nach Qualität / ~ nachdem / ~ Kind gibt es einen Luftballon. / ~ schneller, desto/umso besser
gleichmäßig	evenly	die Arbeit ~ verteilen
die Ähnlichkeit, -en	likeness, resemblance	~ haben mit … / eine auffällige ~
ähnlich	similar	Sie sieht ihrer Mutter ~. / ~e Absichten haben
anders	other	es ist ganz ~ gewesen / niemand ~ als …
(sich) ändern	change	seine Meinung ~ / sich ~
verändern	change	ein System ~ / Du hast dich sehr verändert.
verschieden	different, various	~er Meinung sein / Es gibt ~e Möglichkeiten. / Dazu kann man Verschiedenes anmerken.
der Unterschied, -e	difference	ein großer ~ / ein deutlicher ~ / einen ~ machen zwischen …
unterscheiden[3]	distinguish	Die Zwillinge sind schwer zu ~. / Das neue Mittel unterscheidet sich stark vom früher verwendeten.
unterschiedlich	different	~ lang / ~ groß / ~e Meinungen haben
das Gegenteil, -e	opposite	im ~ / Das ~ ist richtig. / Das ~ von „gut" ist „schlecht".
der Gegensatz, ¨-e	opposite	im ~ zu / Es bestehen ~e zwischen …
einerseits … andererseits	on the one hand on the other hand	„~ bin ich dafür, ~ habe ich Bedenken."

sondern	but	nicht nur, ~ auch / nicht du, ~ ich
oder	or	ich ~ du / alle ~ niemand
statt	instead of	~ eines Lobes gab es nur Kritik.

1 vergleichen: vergleicht – verglich – hat verglichen
2 entsprechen: entspricht – entsprach – hat entsprochen
3 unterscheiden: unterscheidet – unterschied – hat unterschieden

69 Regel, Ausnahme

die Regel, -n	rule	in der ~ / eine grammatische ~
regelmäßig	regular	das ~e Verb / ~e Besuche / ~ Sport treiben
regeln	regulate	die Angelegenheiten ~ / den Verkehr ~
normal	normal	Das ist ganz ~. / ~erweise
allgemein	general	nach ~er Ansicht / Im ~en ist sie pünktlich. / im ~en zufrieden sein
üblich	usual	das ist hier so ~ / Er tut wie ~ nichts. / ~erweise
typisch	typical	ein ~er Fehler / Das ist ~ für ihn.
selten	rare	eine ~e Briefmarke / ein ~es Ereignis
die Ausnahme, -n	exception	Das ist eine ~. / eine ~ machen / ohne ~ / mit ~ von …
außer	except	niemand ~ mir / Das steht ~ Zweifel. / ~ Betrieb sein
ungewöhnlich	unusual, extraordinary	ein ~er Vorschlag
Sonder-	special	das ~angebot / das ~flugzeug / der ~zug
Spezial-	special	das ~gebiet / das ~geschäft
sonst	otherwise	~ nichts / ~ überall / „Sonst noch was?" / ~ ist sie immer pünktlich.

Denken

TEST

Ordnen Sie die folgenden Verben den Substantiven/Nomen zu.

(denken, annehmen, begründen, verwechseln, prüfen)

1. Geist: _____ 2. Vermutung: _____

3. Grund: _____ 4. Missverständnis: _____

5. Kontrolle: _____

Gegensätze

1. Hauptsache: _____ 2. wichtig: _____

3. einfach: _____ 4. klug: _____

5. sachlich: _____ 6. Unterschied: _____

7. interessant: _____ 8. Recht haben: _____ haben.

Definitionen

1. Kant war ein deutscher _____ 2. Lange nachdenken über etw.: sich etw. _____ 3. Glauben, dass etw. richtig ist, ohne es beweisen zu können: _____ 4. Sicher sein, dass etw. stimmt: davon _____ sein. 5. Ich erkläre, warum mein Standpunkt richtig ist: ich _____ meinen Standpunkt. 6. Skeptisch sein, nicht überzeugt sein: _____ 7. Ich sehe ein, dass ich nicht Recht hatte: ich habe mich _____ 8. Ein Umstand,

an dem man nicht zweifeln kann: _____ 9. Etwas, das nicht der Regel entspricht: _____

Kreuzworträtsel

Waagerecht:
7. Denker
8. Sonderfall
9. deshalb, aus diesem Grunde

Senkrecht:
1. konkreter Einzelfall
2. Geist
3. aber
4. Auffassung
5. merkwürdig
6. ähnlich sein

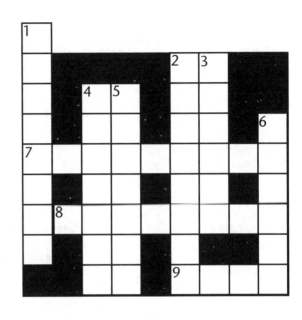

Sprache

70 Sprache

▲ 62 Erklären

die Sprache, -n	language	die deutsche ~ / eine ~ lernen / die ~ beherrschen / die Umgangs~ verstehen
die Muttersprache	mother tongue, native language	meine ~
das Wort, ¨-er	word	die ~art / die ~bedeutung / das Fremd~
die Silbe, -n	syllable	die Vor~ / die letzte ~ / die betonte ~
bedeuten	mean	„Was bedeutet dieses Wort?" / „Was hat das zu ~?"
der Begriff, -e	expression, term	einen ~ definieren
der Ausdruck, ¨-e	expression	den passenden ~ suchen / der Fach~
der Satz, ¨-e	sentence, clause	der Haupt~ / der Neben~ / der Glied~ / der ~bau / der ~teil / das ~glied
die Fremdsprache, -n	foreign language	eine ~ lernen / eine ~ beherrschen
der Dolmetscher, -	interpreter	einen ~ brauchen / der ~ übersetzt den Text // die Dolmetscherin
übersetzen	translate	einen Text ins Deutsche ~ / ein Buch ~
die Übersetzung, -en	translation	die wörtliche ~ / eine freie ~ / eine ~ anfertigen
das Wörterbuch, ¨-er	dictionary	im ~ nachschlagen / ein Wort im ~ suchen

71 Sprechen

▲ 4 Hören ▲ 8 Mund ▼ 96 Streiten

die Stimme, -n	voice	die laute ~ / mit leiser ~ sprechen
aussprechen[1]	pronounce, express	ein Wort richtig ~ / jdm. seinen Dank ~
die Betonung, -en	stress	die richtige ~ des Wortes / Die ~ liegt auf der ersten Silbe.
deutlich	clear, distinct	~ sprechen ≠ un~
sagen	say, tell	jdm. etw. ~ / kein Wort ~ / „Was ~ Sie?"
sprechen[1]	speak	mit jdm. ~ / jdn. an~ / Deutsch ~ / über etw. ~ / das Wort richtig aus~ / Hier spricht Frau Müller.
reden	talk	jdn. an~ / darüber ~
die Rede, -n	speech	eine ~ halten / eine ~ über Politik
der Vortrag, ⸚e	lecture	einen ~ halten / einen ~ hören
das Referat, -e	talk	ein ~ halten / ein ~ hören
zuhören	listen to	jdm. aufmerksam ~
rufen[2]	call	jdn. ~ / um Hilfe ~ / einen Arzt ~ lassen
hallo	hallo	„~, wo bist du?" / „~, wer ist da?"
schreien[3]	shout, cry	Das Baby schreit. / jdn. an~ / um Hilfe ~
flüstern	whisper	jdm. etw. ins Ohr ~
pst!	pst!	„~! Wir sind nicht allein!"
still sein	be quiet	„Sei still!"
schweigen[4]	be quiet, say nothing	alle ~ / jdm. etw. ver~ / zu etw. ~
stumm	dumb, silent	~ sein / jdn. ~ ansehen

1 aussprechen: ich spreche aus, er spricht aus – sprach aus – hat ausgesprochen
2 rufen: ruft – rief – hat gerufen
3 schreien: schreit – schrie – hat geschrien
4 schweigen: schweigt – schwieg – hat geschwiegen

Sprache

72 Frage, Antwort

▲ 60 Grund ▼ 175 Zeit ▼ 181 Ort

sich erkundigen	enquire	sich bei jdm. über etw. ~ / „Erkundige dich nach der Zugverbindung."
fragen	ask	den Lehrer ~ / sich etw. ~ / nach jdm. ~ / jdn. be~
die Frage, -n	question	eine ~ stellen / eine ungelöste ~ / „Das kommt nicht in ~!"
wer ...?	who ...?	„~ hat das gesagt?" / ~ ist das?
was ...?	what ...?	„~ ist los? " / „~ soll das?" / ~ ist das?
welch ...?	which ...?	„~es Buch suchst du?"
wie ...?	how ...?	„~ geht es Ihnen?" / ~ lange?
ob	if, whether	„~ sie noch kommt?" / Ich weiß nicht, ~ das möglich sein wird.
wahr	true	„Du hilfst mir doch, nicht ~?"
die Antwort, -en	answer	eine ~ geben / eine klare ~ bekommen
antworten	answer	auf eine Frage ~ / den Brief be~
die Auskunft, ⸚e	information	um ~ bitten / eine ~ geben
die Kenntnisse (Plural)	knowledge	Sprach~ / Computer~
wissen[1]	know	Bescheid ~ / davon nichts ~ / Wer weiß, ob das alles so stimmt.
bestätigen	confirm	den Erhalt des Briefes ~ / Der Zeuge konnte ~, dass der Angeklagte die Wahrheit sagte.

1 wissen: weiß – wusste – hat gewusst

73 Bejahung, Verneinung

▲ 59 Zustimmung ▼ 76 Lüge

ja	yes	~ sagen / „Sind Sie sicher?" „~!" / „Das ist ~ klar!" / „Ich komme ~ schon!" / Das klingt nach ~.
selbstverständlich	of course; natural	ja ~ / „Das ist doch ~!"
natürlich	of course; natural	„~ helfe ich dir."
doch	but; yes	ja ~ /nicht ~ / „Willst du nicht kommen?" „ ~ !"

nein	no	~ sagen / „~, das geht leider nicht."
nicht	not	Ich komme ~. / Es geht ~. / gar ~ / Ist das ~ komisch? / „Das doch wahr, ~?"
keiner/kein, kein, keine/keins, keine	no	kein Geld haben / kein Glück haben
überhaupt	at all	~ nicht / ~ kein Geld / „Was heißt das ~?"
weder ... noch	neither ... nor	~ der eine ~ der andere
nur	only	~ wenig Zeit haben / ~ sie / nicht ~, sondern auch
bloß	just, only	Das wollte ich ~ wissen.
erst	only	Sie ist ~ 20 Jahre alt.

74 Mitteilung

▲ 67 Sprechen ▼ 174 Ereignis

die Nachricht, -en	(piece of) news	eine gute ~ / eine schlechte ~ bekommen / die ~en im Radio hören
bekanntgeben[1]	announce	die Ergebnisse ~
die Kommunikation	communication	für eine gute ~ sorgen
die Information, -en	(piece of) information	~en geben / ~en bekommen / zu deiner ~ / „Bitte fragen Sie an der ~."
die Mitteilung, -en	message	eine ~ machen / eine wichtige ~
informieren	inform	jdn. ~ / sich bei jdm. über etw. ~
benachrichtigen	inform, notify	jdn. von etw. ~
mitteilen	inform, notify	jdm. etw. ~
der Bericht, -e	report	~ erstatten / einen ausführlichen ~ geben
berichten	report	alles genau ~ / von der Reise ~
erzählen	tell, narrate	viel zu ~ haben / alles ~ / Märchen ~ / von jdm. ~
beschreiben[2]	describe	ein Bild ~ / den Vorfall genau ~ / den Weg ~
die Beschreibung, -en	description	eine genaue ~ geben / die Bild~
ausführlich	detailed, in detail	sich ~ informieren / alles ~ besprechen
die Einzelheit, -en	detail	in allen ~en / einige ~en vergessen / nähere ~en

Übertreibung   80

und	and	~ so weiter (usw.) / sie ~ ich / ~ zwar
sowohl ... als auch	not only ... but also	~ ich ~ die anderen
erwähnen	mention	etw. nur kurz ~ / Ich möchte noch ~, dass ...
die Darstellung, -en	presentation	die klare ~ / die ~ des Problems
die Zusammenfassung, -en	summary	eine ~ geben / eine kurze ~
zusammenfassen	summarise	das Wichtigste kurz ~
wiederholen	repeat	den Satz ~ / die Frage ~ / eine Sendung ~
erfahren[3]	find out	die Neuigkeit ~ / das Ergebnis ~

1 bekanntgeben: ich gebe bekannt, er gibt bekannt – gab bekannt – hat bekanntgegeben
2 beschreiben: beschreibt – beschrieb – hat beschrieben
3 erfahren: ich erfahre, er erfährt – erfuhr – hat erfahren

75 Übertreibung   ▲ 65 Regel, Ausnahme ▲ 58 Aufmerksamkeit erregen

die Übertreibung, -en	exaggeration	„Das ist eine ~!"
übertreiben[1]	exaggerate	„Sie ~!" / nicht ~ / Ich will nicht ~.
sehr	very, (very) much	~ viel / ~ gut / ~ schön / so ~ / zu ~
besonders	(e)specially, particularly	~ gut / ~ schön / ~ viele Zuschauer
besonder-	special, particular	ein ganz ~es Vergnügen
ganz	quite	Das ist ~ einfach. / ~ und gar
völlig	completely	Das ist mir ~ egal. / Das ist ~er Unsinn.
sogar	even	Ich habe ~ mit dem Chef gesprochen.
unbedingt	absolutely; whatever happens	Das ist ~ notwendig. / Ich will das ~ tun.
fest	firmly	Ich bin ~ davon überzeugt.
solch/solch-	such	~ ein Zufall / ~ eine Gelegenheit / ~e Fälle gibt es bei uns nicht.
so	so	~ sehr / ~ schön / ~ groß / ~ ein Zufall!

staunen	be astonished	über etw. ~ / alle ~
oh!	oh!	„~, wie schön!"
(sich) wundern	be surpised, surprise	sich über etw. ~ / sich sehr ~ / Es wunderte ihn, dass ...

1 übertreiben: übertreibt – übertrieb – hat übertrieben

76 Wahrheit sagen, lügen ▲ 64 Beweis ▲ 65 Zweifel ▼ 96 Streit

die Wahrheit, -en	truth	die ~ sagen / die reine ~ / Das ist die volle ~. / In ~ stimmte das gar nicht. ≠ die Un~
wahr	true	eine ~e Geschichte / Es ist ~. ≠ un~
bestimmt	for certain, definitely	ganz ~ / Sie wird ~ gleich kommen.
ehrlich	honest, sincere	Sie war immer ~. / es ~ meinen mit jdm. / ~ antworten
lügen[1]	lie	Du sollst nicht ~. / jdn. be~
die Lüge, -n	lie	„Das ist eine ~!" / eine freche ~
der Vorwand, ⸚e	pretext	einen ~ suchen / einen ~ finden
die Ausrede, -n	excuse	eine ~ gebrauchen / eine ~ suchen
betrügen[2]	cheat, deceive	jdn. ~ / sich ~ lassen / um Geld ~
als ob	as if/though	Er tut so, ~ er das nicht wüsste.
die List	trick, cunning	eine ~ gebrauchen / etw. mit ~ erreichen
leugnen	deny	nicht ~ können, dass ... / die Tatsachen ~
zugeben[3]	admit	einen Irrtum ~ / eine Lüge ~
eigentlich	actually, really	~ sollte sie schon da sein / ~ war das so... / seine ~e Absicht / der ~e Name

1 lügen: lügt – log – hat gelogen
2 betrügen: betrügt – betrog – hat betrogen
3 zugeben: ich gebe zu, er gibt zu – gab zu – hat zugegeben

77 Geheimnis

das Geheimnis, -e	secret	das ~ für sich behalten / das ~ erzählen
geheim	secret	~ halten / das bleibt ~
verschweigen[1]	conceal, keep quiet about	eine wichtige Einzelheit ~ / nichts ~
das Gerücht, -e	rumour	Das ist nur ein ~. / ein ~ kennen
das Rätsel, -	puzzle, riddle	ein ~ aufgeben / ein ~ lösen
raten[2]	guess	das Rätsel ~ / etw. er~ / „Rate mal, was ich da habe."
anvertrauen	entrust, confide	jdm. ein Geheimnis ~ / sich jdm. ~
der Hinweis, -e	hint, tip	jdm. einen ~ geben / einen ~ bekommen
der Tipp, -s	tip	einen guten ~ geben
merken	notice, realize	etw. ~ / Ich habe gemerkt, dass ...
verstehen[3]	understand	Das kann ich ~. / den Sinn ~ / Er versteht was von Astrologie.
Bescheid wissen[4]	know about	über alles ~ / Ich weiß genau ~.
Bescheid sagen	let s.o. know	jdm. ~

1 verschweigen: verschweigt – verschwieg – hat verschwiegen
2 raten: ich rate, er rät – riet – hat geraten
3 verstehen: versteht – verstand – hat verstanden
4 wissen: weiß – wusste – hat gewusst

78 Diskussion

das Gespräch, -e	conversation	mit jdm. ein ~ führen / ein ~ unter vier Augen / der ~s·partner
die Unterhaltung, -en	conversation	eine lebhafte ~
sich unterhalten[1]	talk, have a conversation	sich gut ~ / sich mit jdm. über Politik ~
die Diskussion, -en	discussion	eine ~ mit Freunden / an einer ~ teilnehmen / eine ~ über Politik
diskutieren	discuss	über Politik ~ / mit jdm. etw. ~

Telefon

das Wort, -e	word	das ~ bekommen / „Sie haben das ~!" / ums ~ bitten / Er verstand sie ohne viele ~e.
schlagfertig	quick at repartee, quick-witted	~ sein / eine ~e Antwort geben
übrigens	by the way	„~, was ich noch sagen wollte ..."
unterbrechen²	interrupt	jdn. ~ / ein Gespräch ~
die Besprechung, -en	discussion, meeting	an einer ~ teilnehmen / in einer ~ sein / Die ~ dauert lange.
die Verhandlung, -en	negotiation	Die ~en haben Erfolg. / die erfolglosen ~en abbrechen
die Konferenz, -en	conference	Eine ~ findet statt. / die Presse~

Sprache

1 sich unterhalten: ich unterhalte mich, er unterhält sich – unterhielt sich – hat sich unterhalten
2 unterbrechen: ich unterbreche, er unterbricht – unterbrach – hat unterbrochen

79 Telefon

das Telefon, -e	telephone	der ~anruf / das ~gespräch / die ~nummer wählen
der Hörer, -	receiver	den ~ abnehmen / den ~ auflegen
das Telefonbuch, ⸚er	(tele)phone book	die Nummer im ~ suchen
telefonieren	(tele)phone	mit jdm. ~ / „Kann ich mal ~?"
der Anruf, -e	(tele)phone call	der Telefon~ / einen ~ erwarten
anrufen¹	call, ring (up)	„Ruf mich mal an!"
besetzt	engaged, busy	Es ist immer ~.
verbinden²	connect, put through	mit jdm. ~ / „~ Sie mich bitte mit Peter."
die Verbindung, -en	connection	eine ~ bekommen
die Telefonzelle, -n	(tele)phone box/ booth	von der ~ aus telefonieren
die Vorwahl, -en	code	„Wie ist die ~ von Frankfurt?"
der Apparat, -e	(tele)phone	der Telefon~ / „Bitte bleiben Sie am ~!"

1 anrufen: ruft an – rief an – hat angerufen
2 verbinden: verbindet – verband – hat verbunden

80 Schreiben

schreiben[1]	write	einen Brief ~ / richtig ~ / einen Text ab~ / Dieser Kugelschreiber schreibt schlecht. / Sie schreibt für das „Hamburger Abendblatt".
(jdm./sich etwas) aufschreiben[1]	write down	sich die Telefonnummer ~
die Schrift, -en	writing	die Hand~ / die Druck~ / Sie hat eine sehr schöne Hand~.
schriftlich	written, in writing	eine ~e Mitteilung / die ~e Prüfung
mündlich	oral	eine ~e Vereinbarung / die ~e Prüfung
der Buchstabe, -n	letter	der Groß~ / ein Wort mit zehn ~n
buchstabieren	spell	das Wort ~ / den Namen ~

Satzzeichen

der Punkt, -e	full stop, period
das Komma, -s	comma
das Semikolon, -s	semi-colon
der Doppelpunkt, -e	colon
der Bindestrich, -e	hyphen
das Ausrufezeichen, -	exclamation mark
das Fragezeichen, -	question mark
das Anführungszeichen, -	inverted comma

der Bleistift, -e	pencil	den ~ anspitzen
der Kugelschreiber, -	biro, ball pen	einen ~ benutzen
das Papier, -e	papier	das Brief~ / ein Blatt ~ / das Zeitungs~
der Zettel, -	piece of paper	Notizen auf einen ~ schreiben
die Notiz, -en	note	sich eine ~ machen / das ~buch / die Zeitungs~
das Büro, -s	office	im ~ arbeiten / die ~angestellte
die Sekretärin, -nen	secretary	die Chef~ / Die ~ schreibt die Briefe.
der Schreibtisch, -e	desk	am ~ sitzen / am ~ arbeiten

der Stempel, -	stamp, mark	der Firmen~ / den ~ aufs Papier drücken / der Post ~
die Schreibmaschine, -n	typewriter	das ~n·papier / auf der ~ tippen
das Original, -e	original	das Zeugnis~ / Bitte Kopien, keine ~e schicken!
die Kopie, -n	copy	eine ~ machen / zehn ~n anfertigen

1 schreiben: schreibt – schrieb – hat geschrieben

81 Briefwechsel

▼ 127 Paket

der Brief, -e	letter	einen ~ schreiben / der ~wechsel
der Briefumschlag, ⸚e	envelope	den Brief in den ~ stecken / den ~ zukleben
die Postkarte, -n	postcard	eine ~ schreiben
die Drucksache, -n	printed matter	~n verschicken / eine ~ bekommen
das Einschreiben, -	registered letter	den Brief als ~ schicken
die Luftpost	air mail	den Brief per ~ schicken
das Telegramm, -e	telegram	ein ~ schicken
der Gruß, ⸚e	greeting, wish	viele ⸚e / herzliche ⸚e / Mit freundlichen ⸚en / jdm. ⸚e bestellen
grüßen	greet	die Freunde ~ / jdn. ~ lassen
die Unterschrift, -en	signature	die ~ unter dem Brief / zur ~ vorlegen
unterschreiben¹	sign	den Brief ~ / den Vertrag ~
der Absender, -	sender	der ~ des Briefes / der ~ auf dem Briefumschlag
die Adresse, -n	address	die ~ auf den Briefumschlag schreiben
der Empfänger, -	recipient	die genaue Adresse des ~s
die Postleitzahl, -en	postcode, zip code	Seit 1993 gelten in Deutschland neue ~en.
die Briefmarke, -n	stamp	eine ~ aufkleben / ~n sammeln / die ~·sammlung
der Briefkasten, ⸚	letter-box	An der Ecke ist ein ~. / „Hast du heute schon in den ~ geschaut?"
schicken	send	einen Brief ~ / den Brief ab~

Text, Lesen   86

der Briefträger, -	postman, mailman	Der ~ bringt Briefe und Päckchen.
das Postamt, ⸚er	post office	zum ~ gehen
die Post	post office; post	Die ~ ist schon gekommen. / viel ~ zum Geburtstag bekommen / bei der ~ arbeiten / einen Brief zur ~ bringen

1 unterschreiben: unterschreibt – unterschrieb – hat unterschrieben

82 Text, Lesen
▲ 6 Auge ▼ 149 Literatur

der Leser, -	reader	der Zeitungs~ // die Leserin
lesen[1]	read	die Zeitung ~ / Ihre Schrift liest sich gut.
stehen[2]	be	Das steht in der Zeitung.
das Buch, ⸚er	book	ein ~ kaufen / das ~ lesen / ein ~ schreiben / ein ~ über Literatur
das Taschenbuch, ⸚er	paperback	ein billiges ~
der Druck	print(ing)	der Buch~ / die ~schrift / der ~fehler
drucken	print	das Buch ~ / Prospekte ~ lassen
veröffentlichen	publish	einen Artikel in einer Zeitschrift ~
erscheinen[3]	appear	Die Zeitung erscheint täglich.
der Titel, -	title	der Buch~ / das ~blatt / das ~bild
die Überschrift, -en	headline, heading	die ~ des Zeitungsartikels
das Thema, Themen	topic	das Aufsatz~ / ein ~ stellen / ein ~ behandeln
der Inhalt, -e	contents	der ~ des Buches / das ~s·verzeichnis
nachschlagen[4]	look up	im Wörterbuch ~ / ein Wort ~
der Zusammenhang, ⸚e	context	in diesem ~ / in ~ bringen / eine Textstelle aus dem ~ reißen
das Kapitel, -	chapter	das 1. ~ / das 2. ~ lesen
der Text, -e	text	den ~ lesen / die ~stelle / der Lied~
die Seite, -n	page	Das steht auf ~ 10. / die ~ umblättern
die Zeile, -n	line	etw. ~ für ~ lesen / der ~n·abstand

der Abschnitt, -e	section	ein langer ~ / der nächste ~
die Buchhandlung, -en	bookshop, bookstore	ein Schulbuch in der ~ kaufen
der Bücherschrank, ⸚e	bookcase	ein Buch in den ~ stellen
die Bibliothek, -en	library	die Universitäts~ / die Stadt~

1 lesen: ich lese, er liest – las – hat gelesen
2 stehen: steht – stand – hat gestanden
3 erscheinen: erscheint – erschien – ist erschienen
4 nachschlagen: ich schlage nach, er schlägt nach – schlug nach – hat nachgeschlagen

83 Zeitung   ▲ 70 Informieren ▼ 125 Werbung ▼ 174 Ereignis

die Presse	press	die internationale ~ / die ~konferenz
die Zeitung, -en	newspaper	eine ~ kaufen / die ~ lesen / die Tages~
die Illustrierte, -n	magazine	eine ~ kaufen / das Titelfoto der ~n
die Zeitschrift, -en	periodical	die Fach~ / die wissenschaftliche ~
der Journalist [ʒurna'lıst], -en	journalist	Der ~ arbeitet für die Zeitung. // die Journalistin
der Reporter, -	reporter	der Fenseh~
das Interview [ıntɐvjuː], -s	interview	Der Politiker gibt ein ~.
die Schlagzeile, -n	headline	die sensationelle ~
der Artikel, -	article	den Zeitungs~ lesen / ein interessanter ~ über Politik
abonnieren	have a subscription to	eine Zeitung ~

TEST

Ordnen Sie die folgenden Verben den Substantiven zu.

(sprechen, schreiben, anrufen, lesen, definieren, übersetzen)

1. Stimme: _____   2. Begriff: _____   3. Telefon: _____

4. Buch: _____   5. Dolmetscher: _____   6. Schrift: _____

Sprache

Gegensätze

1. ja: _____ 2. Wahrheit: _____ 3. fragen: _____
4. leugnen: _____ 5. flüstern: _____
6. mündlich: _____ 7. Kopie: _____

Definitionen

1. Ein Buch, das alle Wörter einer Sprache enthält: _____ 2. Jemand, dessen Beruf es ist, von einer Sprache in die andere zu übersetzen: _____
3. Ganz leise sprechen: _____ 4. Nichts sagen: _____
5. Jemand, der immer sofort eine gute und geistvolle Antwort geben kann, ist _____ 6. Handgeschriebener Name unter einem Brief: _____
7. Jemand, der Briefe vom Postamt in die Häuser bringt: _____ 8. Die neusten Nachrichten kann man in der _____ lesen. 9. Kleines Häuschen auf der Straße mit Telefon: _____ 10. Alle Zeitungen und Zeitschriften: _____

Lesen Sie mit deutlicher Betonung.

unterschreiben, Unterschrift, Kapitel, Reporter, Artikel, Sekretärin, Diskussion, diskutieren

Gesellschaft
Privatleben

84 Personalien   ▼ 90 Vorstellen

der Mensch, -en	human being	die Mit~en / die ~heit (= alle Menschen)
die Person, -en	person	Zehn ~en sind anwesend.
persönlich	personal	meine ~e Meinung / ~ vor Gericht erscheinen
selbst	(my)self, in person	ich ~ / Er kommt ~.
privat	private	mit jdm. ~ sprechen / das ~leben / ein ~es Unternehmen
die Leute (Plural)	people	die ~ auf der Straße / viele ~ kennen
männlich	male	~ sein / Geschlecht: ~
der Mann, ¨-er	man	ein alter ~ / der ~ dieser Frau / der Ehe~
der Herr, -en	gentleman	~ Müller / „Meine Damen und ~en!" / dieser ~ dort
weiblich	female	~ sein / Geschlecht: ~
die Frau, -en	woman	~ Schmidt / meine ~ / die Ehe~ / alle ~en
die Dame, -n	lady	eine junge ~ / nur für ~n / „Meine ~n und Herren!"
der Name, -n	name	„Ihr ~, bitte!" / der Vor~ / der Nach~ / der Familien~
heißen[1]	be called	„Wie ~ Sie?" / Ich heiße Schulz.
nennen[2]	say, name	seinen Namen ~ / Wir wollen das Kind „Sophia" ~.
der Geburtstag, -e	birthday	Ich habe am 18. Mai ~. / den ~ feiern / „Herzlichen Glückwunsch zum ~!"
die Adresse, -n	address	„Ich gebe Ihnen meine ~."
der Pass, ¨-e	passport	der Reise~ / die ~kontrolle
der Ausweis, -e	identity card	der Personal~ / den ~ vorzeigen
ausstellen	issue	sich einen Pass ~ lassen
gültig	valid	Der Pass ist ~. ≠ un~
gelten[3]	be valid	Der Pass gilt noch ein Jahr.

Privatleben

verlängern	renew	den Pass ~
(sich) anmelden	register, enrol	sich bei der Behörde ~ / sich für einen Kurs ~
die Anmeldung	registration, enrolment, reception	das ~s·formular / sich an die ~ im Zimmer 3 wenden
(jdn./sich) abmelden	give notice of moving	sich bei der Behörde ~ / sich vom Kurs ~
die Brieftasche, -n	wallet, billfold, pocket-book	den Pass in die ~ stecken

1 heißen: heißt – hieß – hat geheißen
2 nennen: nennt – nannte – hat genannt
3 gelten: ich gelte, er gilt – galt – hat gegolten

85 Lebenslauf

das Leben	life	einem Kind das ~ schenken / das ~ im Ausland / der ~s·lauf / ums ~ kommen
leben	live	in Deutschland ~ / in Berlin ~ / gut ~ / von einem Einkommen ~ / Ihre Eltern ~ nicht mehr.
lebendig	alive, living	~ sein / quick~
die Geburt, -en	birth	die ~ eines Sohnes / der ~s·ort / die Zahl der ~en in einem Land
geboren werden[1]	be born	„Wo sind Sie ~?" / Anna Schmidt, geb. (geborene) Bauer
das Baby ['be:bi], -s	baby	ein ~ bekommen / Das ~ schreit. / die ~wäsche / der ~sitter
wachsen ['vaksn][2]	grow	Das Kind ist gewachsen. / auf~
die Kindheit	childhood	eine glückliche ~ / die ~ in München verleben
jung	young	~ sein / ~e Leute / ~ bleiben wollen / Sie ist jünger als ich.
das Kind, -er	child	~er haben / sich viele ~ wünschen / eine Familie mit zwei ~ern / In unserer Straße gibt es viele ~er.

der Kindergarten, ⸚	kindergarten	in den ~ gehen / die Tochter in den ~ bringen / die Tochter aus dem ~ holen
der Junge, -n	boy	ein kleiner ~ / Das Baby ist ein ~.
das Mädchen, -	girl	Das ~ spielt mit Puppen. / der ~name
die Jugend	youth	in der ~ / der ~freund / die ~ von heute
der Jugendliche, -n	youth, young person	Für ~ verboten!
minderjährig	under age, minor	noch ~ sein
volljährig	of age	~ sein / ~ werden
der/die Erwachsene, -n	adult	ein Film für ~
das Alter	age, old age	im ~ von 6 Jahren / das hohe ~ / Im ~ bekommt sie eine Rente.
alt	old	ein ~er Mann / „Wie ~ sind Sie?"

1 geboren werden: wird geboren – wurde geboren – ist geboren worden
2 wachsen: ich wachse, er wächst – wuchs – ist gewachsen

86 Tod ▲ 51 Weinen

das Heim, -e	home	ins ~ gehen / im Alters~ wohnen
sterben[1]	die	im Krankenhaus ~ / an Krebs ~
der Tod	death	die ~es·angst / mit dem ~e ringen
tot	dead	~ sein
der Tote	dead person	das ~n·bett // die Tote
der Sarg, ⸚e	coffin	die Leiche in den ~ legen
die Beerdigung, -en	funeral	zur ~ gehen / das ~s·institut
das Grab, ⸚er	grave	der ~hügel / der ~stein
der Friedhof, ⸚e	cemetry, graveyard	auf den ~ gehen / die ~s·kapelle
die Trauer	mourning	der ~fall / die ~feier / die ~kleidung
das Beileid	condolences	den Angehörigen das ~ aussprechen / „Herzliches ~." / der ~s·brief
die Witwe, -n	widow	die ~n·rente // der Witwer
verwitwet	widowed	~ sein

Hochzeit

das Testament, -e	will	sein ~ schreiben / ein ~ hinterlassen
erben	inherit	Geld ~ / von jdm. etw. ~ / jdm. etw. ver~

1 sterben: ich sterbe, er stirbt – starb – ist gestorben

87 Hochzeit   ▼ 94 Liebe

der Junggeselle, -n	bachelor	Er ist noch ~.
ledig	single	~ sein / ~ bleiben
sich verloben	get engaged	sich mit jdm. ~ / verlobt sein
die Verlobung, -en	engagement	die ~ feiern / zur ~ gratulieren
das Standesamt, ⸚er	registry office	auf dem ~ die Ehe schließen
heiraten	marry	jdn. ~ / sich ver~ / aus Liebe ~
die Hochzeit, -en	wedding	der ~s·tag / die ~s·feier / die ~s·reise / die ~s·geschenke
der Trauring, -e	wedding ring	einen ~ tragen
der Bräutigam	bridegroom	Braut und ~
die Braut, ⸚e	bride	das lange ~kleid / die glückliche ~ / die ~leute
gratulieren	congratulate	zur Hochzeit ~ / zum Erfolg ~ / zum Geburtstag ~
der Glückwunsch, ⸚e	congratulation	„Herzliche ~e zum Geburtstag!"
die Ehe, -n	marriage	meine Kinder aus erster ~ / das ~paar / die ~frau / der ~mann
verheiratet	married	~ sein ≠ un~
die Scheidung, -en	divorce	die Ehe~ / die ~ einreichen
scheiden	divorce	sich ~ lassen

88 Familie

die Familie [faˈmiːliə], -n	family	eine große ~ / die ~n·feier
der/die Angehörige, -n	relative, relation	sich um seine ~n kümmern
die Eltern (Pl.)	parents	seine ~ lieben / das ~haus / bei seinen ~ wohnen / die Groß~
der Vater, ⸚	father	~ werden / das ~land / der Groß~
die Mutter, ⸚	mother	meine ~ / die ~liebe / die Groß~

das Kind, -er	child	zwei ~er haben / ein ~ adoptieren / ein ~ erwarten
der Sohn, ⸚e	son	der älteste ~
die Tochter, ⸚	daughter	die jüngste ~
die Geschwister (Pl.)	brothers and sisters	meine ~ / viele ~ haben
der Bruder, ⸚	brother	der jüngste ~ / der Zwillings~
die Schwester, -n	sister	meine jüngste ~ / meine älteste ~
der Enkel, -	grandchild	das ~kind // die Enkelin
verwandt	related	Wir sind miteinander ~.
der/die Verwandte, -n	relative, relation	die ~n zur Hochzeit einladen

Verwandte

der Onkel, -s	uncle
die Tante, -n	aunt
der Neffe, -n	nephew
die Nichte, -n	niece
der Vetter, -	(male) cousin
die Cousine [kuˈziːnə], -n	(female) cousin
der Schwiegervater, ⸚	father-in-law
die Schwiegermutter, ⸚	mother-in-law
der Schwiegersohn, ⸚e	son-in-law
die Schwiegertochter, ⸚	daughter-in-law
der Schwager	brother-in-law
die Schwägerin	sister-in-law

89 Bekannte, Zusammensein ▼ 93 Sympathie

der/die Bekannte, -n	friend, acquaintance	viele ~ haben / Verwandte und ~ / der ~nkreis
die Bekanntschaft, -en	acquaintance	mit jdm. ~ machen
die Einladung, -en	invitation	eine ~ bekommen / die ~ annehmen
einladen[1]	invite	Freunde zum Geburtstag ~

der Besuch, -e	visit	einen ~ machen / zu ~ kommen / ~ erwarten / ~ bekommen / zu ~ sein
besuchen	visit	seinen Freund ~
begegnen	meet	sich auf der Straße ~
der Gast, ⸚e	guest	viele ⸚e einladen / bei jdm. zu ~ sein
zusammen	together	~leben / ~ sein / ~kommen
teilnehmen[2]	take part	an einer Unterhaltung ~
die Feier, -n	celebration	die Hochzeits~ / die Familien~
feiern	celebrate	den Geburtstag ~ / mit Freunden ~
die Party, -s	party	eine ~ geben / auf eine ~ gehen
das Fest, -e	celebration, party, festival	ein großes ~ feiern / „Frohes ~!"
der Club, -s	club	die Mitglieder des ~s
die Versammlung, -en	meeting	die Partei~ / eine ~ einberufen
die Veranstaltung, -en	event	die Informations~ / Die ~ findet morgen statt. / zu einer ~ gehen
anwesend	present	~ sein / Alle waren ~.
da sein[3]	be present	„Ist Herr Müller da?"
abwesend	absent	~ sein / von zu Hause ~ sein
allein	alone	~ sein / jdn. ~ lassen / etw. ~ machen
einsam	lonely	~ sein / sich ~ fühlen / eine ~e Insel

1 einladen: ich lade ein, er lädt ein – lud ein – hat eingeladen
2 teilnehmen: ich nehme teil, er nimmt teil – nahm teil – hat teilgenommen
3 da sein: ist da – war da – ist da gewesen

90 Begrüßung, Abschied

die Verabredung, -en	appointment, date	eine ~ treffen / eine ~ haben
sich verabreden	arrange to meet, have an appointment	sich für morgen ~ / verabredet sein
treffen[1]	meet	jdn. auf der Straße ~ / zufällig ~ / sich mit jdm. ~

abholen	fetch, meet	jdn. vom Flughafen ~ / seinen Freund zum Spazierengehen ~	
ausgehen[2]	go out	mit seinem Freund zum Tanzen ~	
begleiten	accompany	eine Freundin ~	Privatleben
der Empfang, ⸚e	reception, welcome	ein herzlicher ~	
die Begrüßung, -en	greeting	die herzliche ~ / jdm. zur ~ die Hand geben	
begrüßen	greet	die Gäste ~	
willkommen	welcome	jdn. ~ heißen / „Seien Sie ~!" / eine ~e Gelegenheit	
kennen[3]	know	jdn. schon lange ~ / „Kennen Sie dieses Café?"	
(sich) kennen lernen	get to know	jdn. ~ / sich ~ / fremde Länder ~	
fremd	unfamiliar, strange	Er ist mir ~. / ein ~er Gast	
(sich) vorstellen	introduce	die neuen Gäste den andern ~	
der Abschied	farewell	~ nehmen / der ~s-besuch	
sich verabschieden	say goodbye	sich von jdm. ~	
das Wiedersehen	goodbye	„Auf ~! Bis morgen."	
das Wiederhören	goodbye	„Ich rufe später noch mal an. Auf ~!"	
(sich) trennen	part (company)	sich von jdm. ~	
winken	wave	bei der Abfahrt ~ / jdm. zu~	

1 treffen: ich treffe, er trifft – traf – hat getroffen
2 ausgehen: geht aus – ging aus – ist ausgegangen
3 kennen: kennt – kannte – hat gekannt

91 Gutes Benehmen

das Benehmen	behaviour	das gute ~ / das schlechte ~
die Umgangsformen (Pl.)	manners	auf gute ~ achten
sich benehmen[1]	behave	sich gut ~ / sich zu ~ wissen
höflich	polite	ein ~er junger Mann / sehr ~ sein ≠ un~
liebenswürdig	kind, charming	~ sein / das ist sehr ~
freundlich	friendly, kind	~ sein / ein ~er Herr / „Bitte seien Sie so ~ …" ≠ un~

nett	nice	„Das ist sehr ~ von Ihnen." / eine ~e junge Dame
herzlich	warm	~ begrüßen / „~ willkommen!"
bescheiden	modest	~ sein / ein ~es Kind ≠ un~
die Rücksicht	consideration	auf jdn. ~ nehmen / mit ~ auf etw./jdn.
loben	praise	jdn. für etw. ~
beliebt	popular	~ sein / sich ~ machen ≠ un~
artig	good, well-behaved	ein ~es Kind / „Sei ~!" ≠ un~
vernünftig	reasonable, sensible	~ sein / ein ~er Vorschlag ≠ un~
angenehm	pleasant	~e Nachbarn haben / ein ~er Aufenthalt ≠ un~
vornehm	distinguished, elegant	eine ~e Dame / ein ~es Haus

1 sich benehmen: benimmt sich – benahm sich – hat sich benommen

92 Schlechtes Benehmen ▲ 53 Angst ▼ 96 Streit

unhöflich	impolite	ein ~er Mensch / zu jdn. ~ sein
taktlos	tactless	eine ~e Frage / sich ~ benehmen
unverschämt	outrageous	„Das ist ~!" / eine ~e Zumutung
frech	impertinent, cheeky	eine ~e Antwort geben / ein ~er Junge
eingebildet	conceited	~ sein / Er ist mir zu ~.
sich blamieren	make a fool of o.s.	sich sehr ~ / sich vor allen Leuten ~
die Verlegenheit, -en	embarrassment	jdn. in ~ bringen / seine ~ verbergen
peinlich	embarrassing	eine ~e Frage stellen / Das ist mir ~.

93 Sympathie ▲ 89 Bekannte

das Verhältnis, -se	relationship	ein gutes ~ zu jdm. haben
die Beziehung, -en	connections	gute ~en zu jdm. haben
der Kontakt, -e	contact	gute ~e haben / gute ~e pflegen
die Sympathie, -n	liking	für jdn. ~ haben / ein Zeichen der ~

Liebe

sympathisch	likeable, agreeable	Er ist mir ~. / Ich finde sie ~. ≠ un~
leiden können[1]	like	jdn. gut ~
mögen[2]	like	jdn. (gern) ~
gefallen[3]	please	Es hat mir gut ~. / Das Buch gefällt mir.
sich verstehen[4]	get on (with)	sich mit jdm. ~ / Wir ~ uns.
das Verständnis haben	understand, have time for	viel ~ haben für etw./jdn. / kein ~ haben
das Vertrauen	trust, confidence	zu jdm. ~ haben / etw. im ~ sagen
sich verlassen[5]	rely	sich auf jdn. ~ können / sich auf etw. ~
der Freund, -e	friend	mein ~ / Wir sind ~e. / Er ist kein ~ von abstrakter Kunst. // die Freundin
die Freundschaft, -en	friendship	Uns verbindet eine enge ~.

1 leiden können: kann ihn leiden – konnte ihn leiden
2 mögen: mag – mochte – hat gemocht
3 gefallen: gefällt – gefiel – hat gefallen
4 sich verstehen: versteht sich – verstand sich – hat sich verstanden
5 sich verlassen: ich verlasse mich, er verlässt sich – verließ sich – hat sich verlassen

Privatleben

94 Liebe ▲ 50 Angenehme Gefühle

die Zuneigung	affection	für jdn. ~ empfinden
die Liebe	love	aus ~ (zu jdm.) etw. tun / etw. mit (viel) ~ tun / der ~s·brief / der ~s·kummer
sich verlieben	fall in love	sich in jdn. ~ / verliebt sein
(sich) lieben	love	jdn. leidenschaftlich ~ / Sie ~ sich. / Er liebt seine Arbeit.
der Liebling, -e	darling	Sie ist der ~ ihrer Großeltern.
lieb	dear	„Liebe Freunde!" / jdn. ~ haben / Es wäre mir ~, wenn …
(sich) küssen	kiss	jdn. zärtlich ~ / auf den Mund ~ / die Hand ~
der Kuss, ¨-e	kiss	einen ~ geben / der Hand~

die Leidenschaft, -en	passion	mit ~ lieben
glücklich	happy	~ sein / jdn. ~ machen ≠ un~
treu	faithful, loyal	~ sein / ein ~er Freund ≠ un~
eifersüchtig	jealous	auf jdn. ~ sein / eine ~e Frau
die Eifersucht	jealousy	Blinde ~ quält ihn.

95 Abneigung

die Abneigung	dislike, aversion	~ empfinden / gegen jdn. ~ haben
(sich) ärgern	be/get annoyed/angry	jdn. ~ / sich über jdn./etw. ~ / Das ärgert mich.
ärgerlich	annoyed, angry	~ sein auf jdn. / ~ werden
böse	cross, mad	~ werden / (mit) jdn. ~ sein
der Ärger	trouble	~ bekommen mit jdn. / viel ~ haben
hassen	hate	jdn. ~ / seine Feinde ~ / Sie hasst Unordnung.
verachten	despise	jdn. ~ / wegen seiner Feigheit ~
der Feind, -e	enemy	Sie sind ~e. // die Feindin
das Misstrauen	mistrust	Dein ~ kränkt mich.

96 Streit, Wut

▲ 60 Ablehnen ▲ 76 Lügen ▲ 92 Schlechtes Benehmen

der Streit	argument	das ~gespräch / einen ~ vermeiden
streiten¹	argue	sich mit jdm. ~ / Darüber lässt sich ~.
der Konflikt, -e	conflict	ein schwerer ~ / ein ~ zwischen …
sich beschweren	complain	sich bei jdm. über etw. ~
der Vorwurf, ⸚e	reproach, accusation	jdm. einen ~ machen / bittere ~e
schimpfen	moan, grumble	auf jdn. ~ / ein Kind be~ / mit jdm. ~ / über etw. ~
ironisch	ironic(al)	eine ~e Antwort geben / ~ sein
der Spott	mockery, derision	beißender ~ / den ~ nicht ertragen
beleidigen	offend, insult	jdn. ~ / beleidigt sein

Privatleben

kränken	hurt s.o.'s feelings	jdn. ~ / sich gekränkt fühlen
der Idiot, -en	idiot	„Du ~!" / „So ein ~!"
verrückt	mad, crazy	„Du bist wohl ~?" / jdn. ~ machen / eine ~e Idee
doof	stupid	„Du bist ~!"
nervös	nervous	~ werden / ~ sein
aufregen	get upset/annoyed, excite	sich über etw. ~ / „Reg dich nicht auf!" / Das Telegramm regte sie auf. / eine aufregende Fahrt
wütend	furious, angry	~ sein / ~ werden / ~ schreien
der Zorn	anger	der ~es·ausbruch
die Wut	anger	in ~ geraten / voller ~
zornig	furious, angry	~ sein / ~ werden
schlagen²	hit	jdm. ins Gesicht ~
die Ohrfeige, -n	box on the ears	jdm. eine ~ geben

1 streiten: streitet – stritt – hat gestritten
2 schlagen: ich schlage, er schlägt – schlug – hat geschlagen

97 Rache, Verzeihung

reagieren	react	heftig ~ / gelassen ~ / auf etw. ~
die Reaktion, -en	reaction	eine heftige ~
sich etw. gefallen lassen¹	tolerate, put up with	sich nichts ~
übel nehmen²	take badly	einen Spaß ~ / jdm. etw. ~
sich rächen	take revenge	sich an jdm. ~ / sich grausam ~
(sich) entschuldigen	apologize, excuse (o.s.)	sich bei jdm. für etw. ~ / sich wegen Krankheit ~ lassen / „Entschuldigen Sie bitte die Verspätung." / Dieser Fehler ist nicht zu ~.
die Entschuldigung, -en	apology, excuse	um ~ bitten / „~!"
bedauern	regret	sehr ~, dass ... / etw. lebhaft ~
Leid tun³	be sorry	Es tut mir sehr ~, dass ... / Dieses kranke Kind tut mir Leid.
leider	unfortunately	Es ist nun mal ~ passiert.
verzeihen⁴	forgive	jdm. etw. ~

Ansehen

die Verzeihung	Excuse me! pardon	„~!" / um ~ bitten
(sich) beruhigen	calm down	sich nicht ~ können / "Beruhige dich doch bitte wieder!"

1 gefallen lassen: ich lasse mir etw. gefallen, er lässt sich etw. gefallen – ließ sich etw. gefallen – hat sich etw. gefallen lassen
2 übel nehmen: ich nehme übel, er nimmt übel – nahm übel – hat übel genommen
3 Leid tun: tut Leid – tat Leid – hat Leid getan
4 verzeihen: verzeiht – verzieh – hat verziehen

98 Ansehen   ▼ 148 Ruhm

öffentlich	public	die ~e Meinung / das ~e Leben / eine ~e Sitzung
die Öffentlichkeit	public	die ~ informieren / in aller ~
die Gesellschaft, -en	society	der Einzelne und die ~ / die gute ~
das Ansehen	standing, reputation	ein großes ~ genießen
achten	respect	jdn. ~ ≠ ver~
die Achtung	respect	vor jdm. ~ haben / die Hoch~
die Autorität, -en	authority	die ~ des Professors
die Persönlichkeit, -en	personality	eine bedeutende ~ / eine ~ des öffentlichen Lebens
die Ehre	honour	die ~ verletzen / das ~n·wort geben
ehren	honour	eine Persönlichkeit ~ / sehr geehrter Herr Müller
der Titel, -	title	der Doktor~
stolz	proud	~ sein auf seinen Erfolg
die Schande	shame	Das ist eine ~. / "So eine ~!"

TEST

Ordnen Sie die folgenden Wörter.

(lieben, hassen, beleidigen, sich verstehen, herzlich, rücksichtslos, frech, freundlich)

Zuneigung: _____, _____, _____, _____

Abneigung: _____, _____, _____, _____

Gegensätze

1. Geburt: _____ 2. lebendig: _____

3. jung: _____ 4. verheiratet: _____

5. begrüßen: _____ 6. höflich: _____

7. sich rächen: _____ 8. volljährig: _____

9. das Vertrauen: _____ 10. Zuneigung: _____

11. Hass: _____

Definitionen

1. Der Tag, an dem ich geboren bin: mein _____ 2. Ein männliches Kind von etwa 10 Jahren: _____ 3. Der Holzkasten, in den man die Leiche legt: _____ 4. Die Urkunde, aus der hervorgeht, wer etwas erbt: _____ 5. Ein erwachsener Mann, der ledig ist: _____ 6. Vater und Mutter: _____ 7. Brüder und Schwestern: _____ 8. Die Art und Weise,

wie ich mich andern gegenüber verhalte: _____ 9. Ein Schlag mit der flachen Hand ins Gesicht: _____ 10. Jemand beleidigt meine Ehre, deshalb tue ich ihm auch etwas Böses: Ich _____ mich. 11. Ich sage: „Was ich getan habe, tut mir leid.": Ich _____ mich.

Verwandte

Männliche Verwandte: 1
Weibliche Verwandte: 3, 4, 5, 6, 7
ohne Angabe
des Geschlechts: 2, 8, 9

					1	V	T	E	R
					2	E	T	E	R
				3	M		T	E	R
			4	T			T	E	
		5	T				T	E	R
	6	N					T	E	
7	S						T	E	R
8	V							T	E
9	G							T	E	R

Setzen Sie die Artikel ein.

1. _____ Liebe, 2. _____ Ehre, 3. _____ Zorn,
4. _____ Streit, 5. _____ Tod, 6. _____ Feier.

Öffentliches Leben

99 Staat

das Land, ⸚er	country	Deutsch~ / die deutschen ~̈er: Bayern, Hessen, Sachsen ... / fremde ~̈er besuchen
der Staat, -en	state	die ~s·angehörigkeit / die Vereinigten ~en (USA)
staatlich	state(-owned)	die ~e Schule / ein ~er Betrieb / ~e Subventionen
die Staatsangehörigkeit	nationality	die deutsche ~ haben
das Volk, ⸚er	people	das deutsche ~ / die ~̈er Europas
die Bevölkerung	population	die Land~ / die ~s·dichte
der Einwohner, -	inhabitant	die ~ von Berlin / die ~zahl
der Bürger, -	citizen	der Staats~ / alle ~ der Stadt
die Heimat	home	die ~ lieben / Seine ~ ist das Rheinland.
das Heimweh	homesickness	~ bekommen / ~ haben nach ...
das Gebiet, -e	region, area	das Industrie~ / das Ruhr~
das Bundesland, ⸚er	land, state	das ~ Nordrhein-Westfalen
der Kreis, -e	district	der Land~ / die ~stadt
der Bezirk, -e	district	der Verwaltungs~ / das ~s·amt
die Gemeinde, -n	parish, local authority	die ~verwaltung
die Hauptstadt, ⸚e	capital	die ~ Frankreichs ist Paris

100 Regierungsformen

der Kaiser, -	emperor	die ~krone // die Kaiserin
der König, -e	king	das ~reich // die Königin
das Schloss, ⸚er	castle	das ~ besichtigen / der ~park
die Revolution, -en	revolution	die französische ~ von 1789
die Krise, -n	crisis	die Regierungs~ / die Wirtschafts~
die Demokratie, -n	democracy	in einer ~ leben
demokratisch	democratic	die ~e Verfassung ≠ un~

Öffentliches Leben

die Republik, -en	republic	die Bundes~ Deutschland
der Präsident, -en	president	der Bundes~ // die Präsidentin
die Freiheit	freedom	die persönliche ~ / die Presse~
frei	free	~ sein / sich ~ entscheiden / ≠ un~
gleichberechtigt	(having) equal (rights)	~e Partner / ~ sein

101 Parlament, Regierung

▼ 110 Gesetze

die Macht, ⸚e	power	die Groß~e / an die ~ kommen / an der ~ sein
das Parlament, -e	parliament	das ~s·mitglied
die Sitzung, -en	sitting, session	die ~ eröffnen / die ~ beenden
der Abgeordnete, -n	member of parliament, deputy	die Bundestags~n wählen // die ~
die Mehrheit, -en	majority	die absolute ~ / die ~ entscheidet
die Minderheit, -en	minority	eine ~s·regierung / in der ~ sein
abstimmen	vote	über einen Antrag ~
die Opposition	opposition	die ~s·partei / der ~s·führer
die Regierung, -en	government	die ~s·partei / der ~s·chef / die ~ übernehmen / die ~ tagt
die Bundesregierung	federal government	die neue ~
der Bundeskanzler, -	chancellor	Der ~ bildet die neue Regierung.
regieren	rule, govern	das Land ~
das Ministerium, -ien	ministry	das Außen~ / das Innen~ / das Finanz~
der Minister, -	minister	jdn. zum ~ ernennen / ~ werden / der Rücktritt des ~ // die Ministerin
der Politiker, -	politician	ein bekannter ~ // die Politikerin
die Politik	politics, policy	die Welt~ / die Innen~ / die Außen~
politisch	political	eine ~e Entscheidung treffen / die ~e Situation eines Landes
die Reform, -en	reform	die Steuer~ / die Schul~

102 Parteien

die Part**ei**, -en	party	die politischen ~en / eine ~ wählen
konservat**i**v	conservative	eine ~e Partei / ~ eingestellt sein
liber**a**l	liberal	eine ~e Partei
sozial**i**stisch	socialist	die ~e Partei / die ehemaligen ~en Länder
das M**i**tglied, -er	member	~ werden / das Partei~ / das Gewerkschafts~
die W**a**hl, -en	(general) election	der ~kampf / das ~lokal / die ~kabine/ die ~urne / das ~ergebnis / die ~ gewinnen / die ~ verlieren / die ~ annehmen
der W**ä**hler, -	voter	um die Gunst der ~ werben // die Wählerin
die St**i**mme, -n	vote	seine ~ abgeben / sich der ~ enthalten
der St**i**mmzettel	ballot-paper	den ~ in die Wahlurne werfen
der Kandid**a**t, -en	candidate	sich als ~ aufstellen lassen / Die ~en stellen sich vor. // die Kandidatin

103 Verwaltung

die Verw**a**ltung	administration	die Stadt~ / das ~s·gebäude / die Haus~
der B**ü**rgermeister, -	mayor	der Ober~ von München / der ~ unserer Gemeinde
der Be**a**mte, -n	civil/public servant	der Finanz~ / der Justiz~ / Er ist ~r.
das R**a**thaus, ¨er	townhall	das Hamburger ~ / aufs ~ gehen
die Beh**ö**rde, -n	authorities	einen Brief an die ~ schreiben
das **A**mt, ¨er	department, office	das Arbeits~ / das Finanz~ / das ~ des Präsidenten übernehmen
offizi**e**ll	official	etw. ~ mitteilen / ein ~er Bescheid
amtlich	official	ein ~es Schreiben / Jetzt ist es ~.
die **Au**skunft, ¨e	official information	Beim Arbeitsamt bekommt man ~ über offene Stellen.
die Abt**ei**lung, -en	department	die zuständige ~

Öffentliches Leben

Ausland

der Antrag, ⁻e	application	einen ~ stellen / den ~ genehmigen / den ~ ablehnen / „Die Anträge bekommen Sie im nächsten Zimmer."
beantragen	apply for	eine Aufenthaltserlaubnis ~ / Wohngeld ~ / Unterstützung ~
der Bescheid, -e	reply; decision	einen ~ bekommen / der endgültige ~
das Formular, -e	form	das Antrags~ / das ~ ausfüllen
ausfüllen	complete, fill in	den Antrag ~ / das Formular ~
die Liste, -n	list	sich in die ~ eintragen
die Urkunde, -n	certificate	die Geburts~ / die Heirats~ / die Sterbe~
die Bescheinigung, -en	written confirmation	eine ~ brauchen / eine ~ ausstellen
die Vorschrift, -en	regulation	sich nach den ~en richten / sich an die ~en halten

104 Ausland ▲ 84 Pass

die Grenze, -n	border	die Staats~ / die ~ überschreiten / die Grenzkontrolle
der Zoll	customs	die Abfertigung beim ~ / Der ~beamte kontrolliert die Waren.
verzollen	declare	„Haben Sie etwas zu ~?"
das Ausland	abroad	ins ~ reisen / im ~ leben / Freunde im ~ haben
der Ausländer, -	foreigner	~ sein / das ~amt // die Ausländerin
das Visum, Visa	visa	ein ~ beantragen / ein ~ brauchen
ausländisch	foreign	eine ~e Firma / ~e Waren
das Asyl [a'zy:l]	asylum	um politisches ~ bitten / ~ gewähren
die Botschaft, -en	embassy	die deutsche ~ in Paris
der Vertrag, ⁻e	agreement, treaty	der Handels~ / der Friedens~
abschließen[1]	enter into, conclude	einen Vertrag ~
die Gemeinschaft, -en	community	die Staaten der Europäischen ~

| international | international | die ~en Beziehungen / ~ tätig sein / Die Gruppe der Teilnehmer ist ~. |

1 abschließen: schließt ab – schloss ab – hat abgeschlossen

105 Militär ▲ 58 Befehlen

das Heer, -e	army	das feindliche ~
die Luftwaffe, -n	air force	die Angriffe der ~
die Marine	navy	die Kriegs~ / der ~stützpunkt
der Offizier, -e	officer	~ sein / der Unter~
der Soldat, -en	soldier	~ werden / ~ sein / der Berufs~
die Uniform, -en	uniform	eine ~ tragen / die Offiziers~
die Kaserne, -n	barracks	der ~n·hof / in der ~ wohnen
der Wehrdienst	military service	zum ~ eingezogen werden / ~ leisten

106 Bewaffnung

die Waffe, -n	weapon	eine ~ besitzen / mit ~n·gewalt
die Pistole, -n	pistol	die ~ ziehen
das Gewehr, e	rifle, gun	das Maschinen~ / das Jagd~
die Munition	ammunition	die ~s·fabrik / das ~s·depot
der Schuss, ¨-e	shot	einen ~ abgeben / es fällt ein ~
schießen[1]	shoot	mit dem Gewehr ~ / scharf ~ / jdn. er~ / das Flugzeug ab~
zielen	aim	mit der Pistole auf jdn. ~
treffen[2]	hit	ins Ziel ~
die Explosion, -en	explosion	die ~ der Bombe
der Panzer, -	tank	der ~angriff / den ~ zerstören
der Düsenjäger, -	fighter	die ~ greifen an / einen ~ abschießen
die Bombe, -n	bomb	~n abwerfen / die Atom~ / Die ~ explodiert.
das U-Boot, -e	submarine	Das ~ taucht. / Das ~ taucht auf.

1 schießen: schießt – schoss – hat geschossen
2 treffen: ich treffe, er trifft – traf – hat getroffen

107 Krieg

▲ 52 Gefahr

der Krieg, -e	war	den ~ erklären / einen ~ führen / der 1. und der 2. Welt~ / der Bürger~
der Feind, -e	enemy	viele ~e haben / die ~schaft
feindlich	enemy, hostile	ein ~es Flugzeug / der ~e Angriff
angreifen[1]	attack	den Feind ~ / die Stadt ~
der Kampf, ⸚e	battle, fight	der ~ auf Leben und Tod
kämpfen	fight	gegen den Feind ~ / an der Front ~ / für etw. ~
verteidigen	defend	sich gegen den Feind ~ / die Heimat ~
zerstören	destroy	eine Brücke ~ / eine Stadt mit Bomben ~
vernichten	annihilate, destroy	den Feind ~ / die Panzer ~
der Flüchtling, -e	refugee	den ~en Asyl gewähren
der Kriegsgefangene, -n	prisoner of war	das ~n·lager
der Verwundete, -n	wounded (man)	der ~n·transport
der Gefallene, -n	soldier killed in action	die ~n ehren
die Niederlage, -n	defeat	eine schwere ~ erleiden
der Sieg, -e	victory	den ~ erringen / den ~ feiern
der Frieden	peace	der ~s·vertrag / in ~ leben

[1] angreifen: greift an – griff an – hat angegriffen

108 Verbrechen

die Gewalt	violence	~ anwenden / mit ~ etw. tun wollen
das Vergehen, -	crime, offence	ein ~ bestrafen
das Verbrechen, -	crime	ein ~ begehen / das ~ aufklären
der Verbrecher, -	criminal	einen ~ überführen / einen ~ festnehmen
strafbar	punishable	eine ~e Handlung
der Einbrecher, -	burglar	die ~bande / den ~ festnehmen
der Einbruch, ⸚e	burglary	der ~ in den Supermarkt
der Dieb, -e	thief	„Haltet den ~!" / den ~ festnehmen // die Diebin

stehlen[1]	steal	jdm. etw. ~ / Geld ~ / jdn. be~
der Diebstahl	theft	einen ~ der Polizei melden
der Überfall, ⸚e	raid, hold-up	ein ~ auf eine Bank
töten	kill	jdn. ~ / getötet werden
ermorden	murder	einen Juwelier ~
der Mord, -e	murder	der ~versuch / der Raub~ / der Selbst~
der Mörder, -	murderer	den ~ festnehmen
das Gift, -e	poison	die ~stoffe / „Vorsicht, ~!"

[1] stehlen: ich stehle, er stiehlt – stahl – hat gestohlen

Polizei

die Polizei	police	die ~ rufen / bei der ~ arbeiten / von der ~ angehalten werden / das ~revier / die Kriminal~
der Polizist, -en	police officer	Die ~en kontrollieren die Autos.
der Fall, ⸚e	case	der Kriminal~ / der Mord~ / den ~ aufklären
Kriminal-	detective, crime	die ~polizei / der ~roman / der ~film
der Verdacht	suspicion	einen ~ haben / jdn. im ~ haben
die Spur, -en	clue	eine ~ finden / die ~en sichern
die Anzeige, -n	report	eine ~ machen / gegen jdn. ~ erstatten
festnehmen[1]	arrest	den Mörder ~
verhaften	arrest	den Dieb ~
beschlagnahmen	seize	das gestohlene Auto ~
das Verhör, -e	interrogation	ein langes ~ / das ~ protokollieren
die Aussage, -n	statement	vor der Polizei eine ~ machen
beschuldigen	accuse	jdn. eines Verbrechens ~
leugnen	deny	die Wahrheit ~
gestehen[2]	confess (to)	das Verbrechen ~

[1] festnehmen: ich nehme fest, er nimmt fest – nahm fest – hat festgenommen
[2] gestehen: gesteht – gestand – hat gestanden

110 Gericht

▲ 64 Beweisen ▲ 76 Wahrheit sagen

das Gericht, -e	(law) court	das Amts~ / das Land~ / die ~s·verhandlung
der Prozess, -e	trial, case	den ~ gewinnen / den ~ verlieren
der Richter, -	judge	vor dem ~ stehen // die Richterin
der Staatsanwalt, ⸚e	public prosecutor	die Ausführungen des ~s // die Staatsanwältin
der Kläger, -	plaintiff	der ~ vor Gericht // die Klägerin
der Angeklagte, -n	accused	Der ~ verteidigt sich. // die Angeklagte
der Rechtsanwalt, ⸚e	lawyer, attorney	die Sache dem ~ übergeben / Der ~ verteidigt den Angeklagten. // die Rechtsanwältin
der Zeuge, -n	witness	der Augen~ / die Aussagen des ~n // die Zeugin
schwören	swear	vor Gericht ~ müssen / etw. be~ können
der Eid, -e	oath	einen ~ ablegen / der Mein~ (= falscher Eid)
das Gesetz, -e	law	das Bürgerliche ~buch / gegen das ~ verstoßen / ein neues ~ beschließen
der Paragraph, -en	section, paragraph	die ~en des Gesetzes
das Recht	right	das geltende ~ / die Menschen~e / etw. zu ~ tun / das ~ auf Meinungsfreiheit

111 Urteil

das Urteil, -e	sentence, verdict	ein ~ fällen / die ~s·begründung
freisprechen[1]	acquit	den Angeklagten ~
unschuldig	innocent	Der Angeklagte ist ~.
schuldig	guilty	~ sein / jdn. ~ sprechen
die Strafe, -n	sentence, penalty	die Freiheits~ / die Todes~ / eine ~ von 50 DM bezahlen
bestrafen	punish, sentence	streng ~ / mit 5 Jahren Haft ~
das Gefängnis, -sse	prison	ins ~ kommen / im ~ sitzen
die Berufung, -en	appeal	gegen das Urteil ~ einlegen

die Gerechtigkeit	justice	~ fordern ≠ die Un~
gerecht	just, fair	ein ~es Urteil / eine ~e Strafe ≠ un~
fair [fɛːɐ̯]	fair	ein ~es Urteil ≠ un~

1 freisprechen: ich spreche frei, er spricht frei – er sprach frei – er hat freigesprochen

TEST

Welche Wörter gehören zusammen?

(schwören, regieren, ausfüllen, schießen, kämpfen, stehlen)

1. Waffe: _____ 2. Antrag: _____

3. Bundeskanzler: _____ 4. Krieg: _____

5. Dieb: _____ 6. Eid: _____

Gegensätze

1. die Minderheit _____ 2. der Krieg: _____

3. der Sieg: _____ 4. leugnen: _____

5. freisprechen: _____ 6. schuldig: _____

7. gerecht: _____

Test _____ **112**

Öffentliches Leben

Definitionen

1. Die Stadt, in der die Regierung des Landes ist: _____ 2. Die Sehnsucht, wieder in der Heimat zu sein: _____ 3. Ein Land mit einem König: _____ 4. Ein Mitglied des Parlaments: _____ 5. Die Trennungslinie zwischen zwei Staaten: _____ 6. Die bewaffnete Auseinandersetzung zwischen zwei Staaten: _____ 7. Jemand, der in fremde Häuser eindringt, um etw. zu stehlen: _____ 8. Ein Mensch, der einen anderen tötet: _____ 9. Chemischer Stoff, der Menschen töten kann: _____

10. Die Institution, die feststellt, ob ein Angeklagter schuldig oder unschuldig ist, und die eventuell eine Strafe festlegt: _____ _____ 11. Derjenige, der den Angeklagten verteidigt: _____ 12. Schnelles Kampfflugzeug: _____ 13. Schiff, das auch unter Wasser fahren kann: _____

Lesen Sie mit deutlicher Betonung.

Demokratie, demokratisch, Regierung, Ministerium, Minister, Partei, Politik, politisch.

Arbeitswelt, Freizeit
Schulwesen

112 Schule

die Schule, -n	school	die Grund~ / die höhere ~ / zur ~ gehen / Die ~ fängt bald wieder an. / Unsere neue ~ ist viel größer als die alte.
die Volkshochschule, -n	adult education institute	einen Kurs in der ~ besuchen
der Kurs, -e	course	der Deutsch~ / der Sprach~
das Gymnasium, Gymnasien	grammar school	aufs ~ gehen
die Klasse, -n	class, form, grade	in die 10. ~ gehen / In dieser ~ gibt es nur 3 Mädchen. / der ~n·raum
die Tafel, -n	(black)board	die Wand~ / etw. an die ~ schreiben / eine Informations~
der Unterricht	teaching, lessons, classes	der Schul~ / der Deutsch~
erziehen[1]	educate	seine Kinder zur Selbstständigkeit ~ / gut erzogen sein
die Erziehung	education	die ~ der Kinder / eine gute ~
die Bildung	education	die Allgemein~ / die ~s·reise
das Fach, ⸚er	subject	das Haupt~ / das Neben~ / Sie ist vom ~.

Schulfächer

Religion	religion
Deutsch	German
Geschichte	history
Soziologie	sociology
Erdkunde	geography

Schulwesen

Fremdsprachen	modern languages
Mathematik	mathematics
Biologie	biology
Chemie	chemistry
Physik	physics
Musik	music
Sport	sport, PE

der Lehrer, -	teacher	der Deutsch~ // die Lehrerin
unterrichten	teach	Deutsch ~ / Französisch ~
die Stunde, -n	lesson	die Deutsch~ / fünf ~n Unterricht haben
der Schüler, -	pupil, student	ein guter ~ / der Mit~ // die Schülerin
(sich) melden	put up one's hand	Der Schüler meldet sich.
lernen	learn	eine Fremdsprache ~ / einen Beruf er~
das Heft, -e	exercise book	das Schul~ / etw. ins ~ schreiben
die Aufgabe, -n	exercise, task	die Haus~n / die ~n machen
die Übung, -en	exercise	eine ~ machen / die ~s·arbeit / in etw. ~ haben
das Schuljahr, -e	school year	der Anfang des ~s / das ~es·ende
die Ferien (Pl.)	holidays	die großen ~ / die Oster~ / die ~reise / ~ machen

1 erziehen: erzieht – erzog – hat erzogen

113 Prüfung ▲ 72 Frage, Antwort ▼ 120 Erfolg

die Arbeit, -en	test, paper	eine ~ schreiben / die ~ in Deutsch
die Klassenarbeit, -en	test	eine ~ schreiben
das Diktat, -e	dictation	ein ~ schreiben
der Aufsatz, ⁻e	essay	ein ~thema / einen ~ schreiben
der Fehler, -	mistake	ein schwerer ~ / ein leichter ~ / viele ~ machen / eine Sprache ohne ~ sprechen

falsch	wrong	~ sein / ~ rechnen / ~ schreiben
korrigieren	correct, mark	den Fehler ~ / die Klassenarbeit ~
richtig	right, correct	~ schreiben / ~ rechnen / die ~e Antwort
die Note, -n	grade, mark	eine gute ~ / eine schlechte ~ bekommen
die Zensur, -en	grade	gute ~en auf dem Zeugnis haben

Zensuren

1 = sehr gut
2 = gut
3 = befriedigend
4 = ausreichend
5 = mangelhaft
6 = ungenügend

die Prüfung, -en	exam	die mündliche ~ / die schriftliche ~ / eine ~ machen / die ~s·angst
das Abitur	A-level	das ~ machen / das ~ bestehen
prüfen	examine	den Schüler ~ / etw. nach~
wissen[1]	know	alles genau ~ / die Vokabeln ~
bestehen[2]	pass	die Prüfung ~ / mit „Gut" ~
versetzt werden	move up (a class)	in die nächste Klasse ~
durchfallen[3]	fail	bei der Prüfung ~ / im Abitur ~
sitzen bleiben[4]	repeat (a year/class)	wegen schlechter Leistungen ~
das Zeugnis, -se	(school) report	das Versetzungs~ / das Abitur~ / ein ~ bekommen / das gute ~
das Zertifikat, -e	certificate	das ~ in Deutsch

1 wissen: weiß – wusste – hat gewusst
2 bestehen: besteht – bestand – hat bestanden
3 durchfallen: ich falle durch, er fällt durch – fiel durch – ist durchgefallen
4 sitzen bleiben: bleibt sitzen – blieb sitzen – ist sitzen geblieben

114 Universität

die Universität, -en	university	an der ~ studieren
die Hochschule, -n	college, university	die technische ~ / die ~ für Musik
der Professor, -en	professor	~ für Medizin // die Professorin
der Student, -en	student	der Medizin~ // die Studentin
studieren	study	Medizin ~ / in Heidelberg ~
das Studium, Studien	studies	das Medizin~
das Semester, -	semester, term	im ersten ~ sein / die ~ferien
das Institut, -e	institute	das Forschungs~ / das Goethe-~
die Wissenschaft, -en	science	die Natur~ / die Geistes~ / ~ und Kunst
die Forschung, -en	research	in der ~ arbeiten / die ~s·ergebnisse
der Versuch, -e	experiment	der physikalische ~
erfinden[1]	invent	einen neuen Motor ~
der Fortschritt, -e	progress	der technische ~ / das ist ein großer ~
die Grundlage, -n	basis, foundation	die ~n·forschung
der Doktor	doctor	die ~arbeit / „Herr ~" // die Doktorin

1 erfinden: erfindet – erfand – hat erfunden

TEST

Ergänzen Sie die Sätze.

1. Der _____ lernt in der Schule. 2. Der _____ unterrichtet in der Schule. 3. Der _____ unterrichtet an der Universität. 4. Der _____ studiert. 5. Am Schluss des Schuljahrs bekommt jeder Schüler ein _____ mit allen Noten. 6. Die Abschlussprüfung am Gymnasium ist das _____

Kreuzworträtsel

Waagerecht:

7. Aufgabe
8. Test
9. Hochschule

Senkrecht:

1. Kontrolle des Wissens und Könnens
2. Tätigkeit der Studenten
3. Fehler verbessern
4. Gruppe von Schülern
5. die Abschlussprüfung am Gymnasium
6. schreiben, was der Lehrer vorliest

Beruf

115 Beruf

der Beruf, -e	profession, job	einen ~ erlernen / einen ~ ausüben / „Was ist sie von ~?"
berufstätig	working	~ sein / Meine Mutter ist ~.
werden[1]	become	Arzt ~ / Beamter ~ / Soldat ~
der Lehrling, -e	apprentice, trainee	den ~ ausbilden
der/die Auszubildende, -n	apprentice, trainee	Der ~ besucht die Berufsschule.
ausbilden	train	einen Lehrling ~ / sich ~ lassen
die Lehre, -n	training, apprenticeship	die dreijährige ~ / in der ~ sein
die Ausbildung, -en	training	die Berufs~ / eine gute ~ bekommen
das Praktikum, Praktika	work experience, on-the-job training	ein ~ machen / einen ~s-platz bekommen
der Praktikant	trainee	als ~ arbeiten // die Praktikantin
können[2]	be able to	Auto fahren ~ / schwimmen ~
der Handwerker, -	tradesman, craftsman	einen ~ kommen lassen
der Meister, -	foreman, master craftsman	der Maurer~ / Der ~ bildet die Auszubildenden aus.
der Fachmann	specialist	ein ~ für Elektronik / den ~ fragen
die Erfahrung, -en	experience	~en sammeln / gute ~en machen / aus ~
erfahren	experienced	ein ~er Arzt ≠ un~
selbstständig	independent; self-employed	~ arbeiten können / sich ~ machen ≠ un~
die Leistung, -en	performance, productivity	~ verlangen / die ~ steigern / ~ erbringen / die Spitzen~ / die ~s·fähigkeit
(sich) leisten	achieve, work well; give; afford	viel ~ / jdm. erste Hilfe ~ / sich viel ~ können
fleißig	hard-working	~ arbeiten / ein ~er Schüler
tüchtig	capable, competent, efficient	ein ~er Arbeiter / Er ist sehr ~.
aktiv	active	~ sein / ~ mitarbeiten

zuverlässig	reliable	~ arbeiten / ~ sein ≠ un~
gewissenhaft	conscientious	~ arbeiten / ein ~er Arbeiter
sorgfältig	careful	~ arbeiten / die ~e Prüfung
langsam	slow	~ arbeiten / ~ sein
faul	lazy	einer ~er Schüler / Sie ist ~.
nachlässig	careless	~ arbeiten / nur ~ kontrollieren
passiv	passive	sich ~ verhalten

1 werden: ich werde, er wird – wurde – ist geworden
2 können: kann – konnte – hat gekonnt

116 Arbeitgeber, Arbeitnehmer ▲ 80 Büro ▼ 121 Produktion

der Arbeitgeber, -	employer	~ sein / einen ~ haben
der Chef [ʃɛf], -s	boss	den ~ fragen / die Anweisungen des ~s / der ~arzt // die Chefin
der Direktor, -oren	director, manager	der ~ des Betriebs / der General~ // die Direktorin
übernehmen[1]	take on/over	die Leitung ~ / die Verantwortung ~
vertreten[2]	deputize/stand in for	für kurze Zeit den Kollegen ~
die Verantwortung	responsibility	die ~ tragen / das ~s-gefühl / die Mit~
verantwortlich	responsible	~ sein für etw. / sich ~ fühlen
leiten	manage	den Betrieb ~ / die ~den Angestellten
führen	run, be in charge of	den Vorsitz ~ / einen Betrieb ~
die Führung, -en	management	die Betriebs~ / die Partei~
die Organisation, -en	organisation	die ~ der Arbeit / die ~ der Produktion / bei einer ~ mitarbeiten
organisieren	organise	die Veranstaltung ~
beschäftigen	employ	Arbeiter und Angestellte ~ / bei einer Firma beschäftigt sein
die Stelle, -n	job, position	sich eine ~ suchen / eine gute ~ haben
die Stellung, -en	job, position	eine gute ~ haben
sich bewerben[3]	apply for a job	sich bei einer Firma um eine Stelle ~

Arbeitgeber, Arbeitnehmer

die Bewerbung, -en	job application	das ~s·schreiben / Die ~ hat Aussicht auf Erfolg. / die ~ einreichen
geeignet sein	be right/suited to	für die Stelle ~
einstellen	appoint	neues Personal ~ / eingestellt werden
der Arbeitnehmer, -	employee	die ~ eines Betriebes
der/die Angestellte, -n	employee, white-collar worker	die Firma hat 20 ~ / der Büro~
der Arbeiter, -	(blue-collar) worker, labourer	der ungelernte ~ / der Hilfs~ / der Fach~ // die Arbeiterin
die Mitbestimmung	worker participation, co-determination	mehr ~ fordern
kündigen	give notice (to), fire	jdm. ~ / ich kündige / gekündigt werden
entlassen[4]	make redundant	einen Angestellten ~ / Arbeiter ~
der Arbeitslose, -n	unemployed person	Der ~ bekommt ~n·unterstützung.
arbeitslos	unemployed	~ werden / lange ~ sein
der Betriebsrat, ¨e	works council	den ~ wählen / sich an den ~ wenden
die Gewerkschaft, -en	trade union	das ~s·mitglied / der ~s·bund
der Streik, -s	strike	der General~ / der Warn~
streiken	be/go on strike	Die Arbeiter ~ für mehr Lohn.
anbieten[5]	offer	Man hat mir eine Stelle angeboten.
der/die Angehörige, -n	member	die ~n unserer Firma

1 übernehmen: ich übernehme, er übernimmt – übernahm – hat übernommen
2 vertreten: ich vertrete, er vertritt – vertrat – hat vertreten
3 sich bewerben: ich bewerbe mich, er bewirbt sich – bewarb sich – hat sich beworben
4 entlassen: ich entlasse, er entlässt – entließ – hat entlassen
5 anbieten: bietet an – bot an – hat angeboten

117 Arbeit

Beruf

die Tätigkeit, -en	job	die berufliche ~ / eine anspruchsvolle ~
die Arbeit, -en	work, job	etw. macht viel ~ / seine ~ gut machen / viel ~ haben / ~ (einen ~s·platz) finden / zur ~ gehen
arbeiten	work	schwer ~ / in der Fabrik ~ / als Verkäuferin ~
der Dienst, -e	duty	~ haben / die ~zeit
der Job [dʒɔp], -s	temporary job	einen ~ suchen
die Schicht, -en	shift	die Früh~ / die Spät~ / die Nacht~
(sich) vorbereiten	prepare	alles gut ~ / sich auf eine Prüfung ~ / einen Vortrag ~
bereit	ready	~ sein / dazu ~ sein / sich ~ halten
anfangen[1]	start, begin	mit der Arbeit ~ / sofort ~ / um 7 Uhr ~
beginnen[2]	begin	Wir können ~.
tun[3]	do	viel zu ~ haben / „Was soll ich ~?" / „Was kann ich für Sie ~?"
machen	do, make	ein Experiment ~ / die Aufgaben ~
(sich) beschäftigen	deal; occupy (o.s.)	sich mit etw. ~
sich kümmern	deal (with), look (after) take care (of)	sich um etw. ~ / sich um jede Kleinigkeit ~ / sich um die Kinder ~
erledigen	finish; deal (with)	die Arbeit ~ / alles ~ / „Kannst du das für mich ~?"
fertig	finished	Ich bin mit meiner Arbeit ~. / Das Essen ist ~.
realisieren	realize, implement	den Plan ~
der Feierabend, -e	finishing time	Um 5 Uhr ist ~. / ~ machen
die Überstunde, -n	overtime	~n machen / die ~n extra bezahlen
der Urlaub	holiday(s)	der bezahlte ~ / die ~s·zeit / ~ in Spanien machen

1 anfangen: ich fange an, er fängt an – fing an – hat angefangen
2 beginnen: beginnt – begann – hat begonnen
3 tun: tut – tat – hat getan

118 Anstrengung, Erholung ▲ 14 Schlafen ▲ 112 Ferien

sich bemühen	make an effort, take trouble	sich sehr ~ / sich vergeblich ~ / sich um etw. ~
ehrgeizig	ambitious	~ sein / ein ~er Schüler
anstrengen	be tiring; exert (o.s.)	Schwere Arbeit strengt an. / sich bei der Arbeit ~
anstrengend	tiring	eine ~e Tätigkeit
die Mühe, -n	care, trouble, effort	sich ~ geben / Das ist nicht der ~ wert.
der Stress	stress	unter ~ leiden / die ~situation
sich beeilen	hurry (up)	Wir müssen uns ~.
müde	tired	von der Arbeit ~ sein
die Pause, -n	break	eine ~ machen / die Mittags~
(sich) ausruhen	have a rest	(sich) nach der Arbeit ~
sich erholen	relax	sich einen Tag ~
die Erholung	rest, relaxation	~ brauchen / der ~s·urlaub

119 Zusammenarbeit

die Zusammenarbeit	cooperation	Die ~ mit den Kollegen ist gut.
mit	with	~ den andern / ~ den Kollegen
zusammen	together	~arbeiten / mit ihr ~ / alle ~
die Gruppe, -n	group	eine ~ von mehreren Arbeitern
das Team [ti:m], -s	team	im ~ arbeiten / ein ~ bilden
gemeinsam	together; joint	~ etw. unternehmen / ~e Freunde haben
die Gemeinschaft, -en	(sense of) community	eine gute ~
der Kollege, -n	colleague	der gute Kontakt zu den ~n // die Kollegin
der Partner, -	partner	der Geschäfts~ / die Ehe~ // die Partnerin
einander	each other	~ helfen / mit~ / zu~ stehen
die Hilfe	help	~ suchen / ~ leisten
helfen[1]	help	jdm. ~ / sich zu ~ wissen / Dieses Mittel hilft immer.
unterstützen	support	jdn. bei seiner Arbeit ~ / jdn. mit Geld ~
der Vorteil, -e	advantage	einen ~ haben / im ~ sein
nützlich	useful	~ sein / ein ~er Hinweis

nötig	necessary	Hilfe ~ haben / für ~ halten / wenn ~, ...
notwendig	necessary	das ist absolut ~ / Für diese Arbeit ist es ~, gut Deutsch zu können.
nützen	help; be useful	jdm. damit ~ / Die Ratschläge ~ mir nichts.
stören	disturb	jdn. bei der Arbeit ~ / sich nicht ~ lassen
behindern	hinder, hamper, impede	den Verkehr ~ / die Produktion ~
hindern	hinder; stop/prevent (s.o. doing s.th.)	jdn. an etw. ~ / daran ~
schaden	harm, hurt	jdm. ~ / Es kann nicht ~, wenn ...
der Nachteil, -e	disadvantage	ein großer ~ / ~e vermeiden

1 helfen: ich helfe, er hilft – half – hat geholfen

Beruf

120 Erfolg, Misserfolg

der Versuch, -e	attempt	den ~ wagen
versuchen	try	~ etw. zu erreichen / noch einmal ~
das Ergebnis, -se	result	ein gutes ~ / ein schlechtes ~
der Erfolg, -e	success	„Viel ~!" / ~ haben / mit großem ~ / Diese Erfindung war ein großer ~.
die Chance ['ʃã:sə], -n	chance	eine gute ~ / die ~ nutzen
(sich) verbessern	improve	die Qualität ~ / die Fehler ~ / Die Situation hat sich um vieles verbessert.
die Verbesserung, -en	improvement	die ~ des Produktes
erreichen	reach, achieve	sein Ziel ~ / den Zug ~ / „Sie können mich bis 14 Uhr telefonisch ~."
schaffen	succeed	„Du wirst es schon ~!"
gelingen[1]	succeed	Es gelang ihr, ihn zu überreden.
klappen	work out	Das klappt nicht immer.

sich lohnen	be worth it	Das hat sich gelohnt.
der Misserfolg, -e	failure	Das ist ein ~. / einen ~ haben
misslingen²	fail, be unsuccessful	Der Versuch ist misslungen.
vergeblich	in vain	~ warten / ~ hoffen
umsonst	in vain	Alles war ~. / Er hat ~ gearbeitet.
aufgeben³	give up	seinen Plan ~ / seine Stelle ~

1 gelingen: gelingt – gelang – ist gelungen
2 misslingen: es misslingt – es misslang – es ist misslungen
3 aufgeben: ich gebe auf, er gibt auf – gab auf – hat aufgegeben

TEST

Ordnen Sie die folgenden Wörter in zwei Gruppen.

(fleißig, langsam, nachlässig, zuverlässig, sich anstrengen, fähig, faul)

Guter Arbeiter: _____, _____, _____, _____

Schlechter Arbeiter: _____, _____, _____

Ordnen Sie die folgenden Wörter in zwei Gruppen.

Direktor, Angestellter, Arbeiter, Chef, streiken, entlassen

Arbeitgeber: _____, _____, _____

Arbeitnehmer: _____, _____, _____

Gegensätze

1. Lehrling: _____   2. faul: _____   3. einstellen: _____

4. nachlässig: _____ 5. anfangen: _____

6. helfen: _____ 7. Vorteil: _____ 8. Erfolg: _____

Beruf

Definitionen

1. Jemand, der auf einem Gebiet alles weiß: _____ 2. Eine Stelle haben wollen: _____ 3. Die Arbeit zeitweise niederlegen, um eine Forderung durchzusetzen: _____ 4. Jemand, der keine Arbeit hat, ist _____ 5. Die Interessenvertretung der Arbeiter: _____ _____ 6. Eine kurze Unterbrechung der Arbeit, um sich zu erholen: _____ 7. Die arbeitsfreie Zeit am Abend: _____ 8. Mehrere Wochen arbeitsfreie Zeit im Jahr: _____

Arbeit

A R B E I T

1. tätig sein
2. jemand, der arbeitet
3. ohne Arbeit
4. Dort wird Arbeit vermittelt.
5. jemand, der Arbeiter beschäftigt
6. Länge der Arbeit
7. jemand, der für Geld arbeitet

Wirtschaft

121 Produktion

die Wirtschaft	economy	die soziale Markt~ /
	der ~s·minister /	die ~s·krise
die Industrie, -n	industry	die Stahl~ / die Elektro~ / die chemische ~ / das ~gebiet / der ~verband
der Betrieb, -e	firm, company, factory	der Groß~ / den ~ leiten
das Werk, -e	factory, works	das Volkswagen~ / die ~s·halle
die Fabrik, -en	factory	das ~gebäude / das ~gelände / in der ~ arbeiten
die Gesellschaft, -en	company	die Aktien~ (AG) / die ~ mit beschränker Haftung (GmbH)
die Werkstatt, ¨en	workshop	die ~ eines Handwerkers / das Auto zur ~ bringen
die Anlage, -n	equipment, installations	die technischen ~n
entwickeln	develop	ein neues Produkt ~
die Produktion	production	die ~ steigern / die ~ von Autos
die Methode, -n	method	eine neue ~ entwickeln
das System, ~e	system	das ~ anwenden
das Verfahren, -	procedure, process	das Produktions~
herstellen	produce	Möbel ~ / Autos ~ / Arzneimittel ~
produzieren	produce	Waren ~
das Produkt, -e	product	das Qualitäts~ / ein neues ~
das Erzeugnis, -se	product	ein deutsches ~
das Modell, -e	model	die neuen Auto~e
die Serie, -n	series	in ~ produzieren / eine neue ~

122 Technik, Werkzeuge

die Technik, -en	technology, technique	die moderne ~ / bestimmte ~en beherrschen
technisch	technical	die ~en Möglichkeiten / die ~e Störung
der Mechaniker, -	mechanic	der Auto~ / Der ~ repariert die Maschine.
der Ingenieur [ɪngeˈniøːɐ], -e	engineer	der Diplom~ / ~ werden wollen
die Maschine, -n	machine	der ~n·bau / die Schreib~
der Apparat, -e	apparatus	der Foto~ / der Rasier~ / den ~ ausschalten
das Gerät, -e	appliance	das Küchen~ / Haushalts~e
der Computer [kɔmˈpjuːtɐ], -	computer	am ~ arbeiten
der Automat, -en	dispenser, (vending) machine	der Getränke~ / der Fahrkarten~ / Zigaretten aus dem ~en
automatisch	automatic	Das geschieht ~. / Die Rückzahlung kommt ~.
bedienen	operate	die Maschine ~ / Sie ist leicht zu ~.
die Bedienung, -en	operation	die ~ der Maschine
drücken	press	den Knopf ~ / auf den Hebel ~
einsetzen	use, make use of	den Computer ~ / eine neue Maschine ~
einstellen	adjust	das Gerät richtig ~
schalten	switch	auf 1 ~ / ein~ / aus~ / in den 3. Gang ~
die Gebrauchsanweisung, -en	instructions (for use)	die ~ genau beachten
funktionieren	work, function	„Wie funktioniert das?" / Die Zusammenarbeit funktioniert nicht immer.
praktisch	practical	ein ~es Gerät / ~e Erfahrungen sammeln ≠ un~
kaputt	broken	~gehen / ~machen / Das Fahrrad ist ~.
die Reparatur, -en	repair	die ~werkstatt / die ~kosten
reparieren	repair	den Motor ~ / die Bremsen ~
das Werkzeug, -e	tool	der ~kasten
der Hammer	hammer	mit dem ~ schlagen

Wirtschaft

Rohstoffe

der Nagel, ⸚	nail	den ~ ins Holz schlagen / den ~ herausziehen
die Schraube, -n	screw	die ~n·mutter / der ~n·schlüssel / der ~n·zieher
die Zange, -n	pliers	die Kneif~
bohren	drill	ein Loch in die Wand ~
hart	hard	~ wie Stein
glatt	smooth, slippery	die ~e Oberfläche / spiegel~
verwenden	use	die Kneifzange ~
gebrauchen	use	etw. gut ~ können / ein gebrauchtes Auto kaufen
benutzen	use	den Hammer ~ / die öffentlichen Verkehrsmittel ~
dienen	serve	Dieses Werkzeug dient zum Bohren.
der Haken, -	hook	an den ~ hängen
hängen[1]	hang	Das Bild hängt an der Wand. / etw. in den Schrank ~

1 hängen: hängt – hing – hat gehangen; hängen: hängt – hängte – hat gehängt

123 Rohstoffe

der Rohstoff, -e	raw material	~e importieren / die ~e verarbeiten
das Material [mate'ria:l]	material	die ~kosten / der ~fehler
das Metall, -e	metal	die ~industrie
das Eisen	iron	aus ~ / das ~erz
rosten	rust	Das Eisen rostet. / ver~
der Stahl	steel	die ~industrie / der ~beton
das Kupfer	copper	der ~draht / das ~blech
das Blech, -e	tin	die ~dose / dünnes ~
der Draht, ⸚e	wire	der elektrische ~ / der Kupfer ~
der Kunststoff, -e	plastic	aus ~
das Plastik	plastic	ein Eimer aus ~
die Chemie	chemical	die ~industrie
chemisch	chemical	die ~en Produkte
künstlich	artificial	das ~e Licht / die ~e Ernährung
natürlich	natural	die ~en Rohstoffe

124 Energie

die Energie, -n	energy	der ~bedarf / die ~versorgung / alternative ~n
die Kohle, -n	coal	die Stein~ / die Braun~ / mit ~ heizen
das Öl, -e	oil	das Erd~ / das Heiz~ / Das Auto verbraucht viel ~.
das Gas	gas	das Erd~
das Atom, -e	atom	die ~energie
Kern-	atomic	die ~energie / das ~kraftwerk
das Kraftwerk, -e	power station	das Kohle~ / das Atom~ / das Wasser~
der Strom	electricity	der elektrische ~ / der ~verbrauch
elektrisch	electric, electrical	die ~en Haushaltsgeräte
Elektro-	electric, electrical	der ~ingenieur / das ~geschäft
die Leitung, -en	cable, wire	die elektrische ~
der Stecker, -	plug	den ~ in die Steckdose stecken
die Steckdose, -n	socket	die ~ in der Wand
die Lampe, -n	lamp, light	das ~n·licht / die Taschen~
die Glühbirne, -n	bulb	eine neue ~ in die Lampe schrauben
die Birne, -n	bulb	die ~ ist kaputt
der Schalter, -	switch	der Licht~
anmachen	switch/turn on	das Licht ~ / die Heizung ~
an sein¹	be on	Das Licht ist an.
aus sein	be off	Die Heizung ist aus.
verbrauchen	use	viel Strom ~ / viel Benzin ~
ausmachen	switch/turn off	das Licht ~ / die Maschine ~
ausschalten	switch/turn off	die Lampe ~
ausgehen²	go out	Das Licht ist ausgegangen.
die Batterie, -n [-iːən]	battery	eine ~ für die Taschenlampe

1 an sein: ist an – war an – ist an gewesen
2 ausgehen: geht aus – ging aus – ist ausgegangen

Wirtschaft

125 Handel

die Ware, -n	goods, merchandise	das ~n·angebot / das ~n·lager
der Artikel, -	article	Für diesen ~ besteht kein Bedarf.
die Marke, -n	make, brand	die Auto~
die Qualität, -en	quality	die ~s·waren / die ~ des Weines
die Garantie	guarantee	der ~schein / „Auf die Uhr geben wir ein halbes Jahr ~."
der Handel	trade	der Außen~ / der Welt~ / der Groß~ / ~ treiben mit jdm.
handeln	trade	mit Autos ~ / mit Rohstoffen ~
kommerziell	commercial	die ~en Interessen
der Export, -e	export	der deutsche ~ / der ~ von Autos
der Import, -e	import	der ~ von Rohstoffen
exportieren	export	Maschinen ~ / chemische Produkte ~
importieren	import	Erdöl ~
die Messe, -n	fair	auf der ~ Waren ausstellen / die ~hallen
die Konkurrenz	competition	jdm. ~ machen / zur ~ gehen
die Werbung	advertising	die Fernseh~ / ~ machen
die Reklame, -n	advert	die ~ in der Zeitung
die Anzeige, -n	advert	mit ~n in der Zeitung werben
der Prospekt, -e	brochure, prospectus	~e zugeschickt bekommen
das Plakat, -e	poster	ein ~ ankleben / die ~werbung
der Vertreter, -	salesperson, representative	der ~besuch / Der ~ besucht die Kunden.
anbieten[1]	offer	Waren ~ / Hilfe ~
bieten[1]	offer	100 DM dafür ~
das Angebot, -e	offer	ein ~ machen / ein ~ annehmen / das Sonder~
empfehlen[2]	recommend	ein Hotel ~ / „Was können Sie mir ~?"
günstig	favourable, resonable	ein ~es Angebot machen / ~ einkaufen
der Katalog, -e	catalogue	der Waren~ / den ~ studieren
die Nachfrage	demand	Die ~ ist groß. / die ~ nach etw.
der Bedarf	demand	es besteht ein großer ~ an …
brauchen	need	neue Schuhe ~ / Hilfe ~
(sich) aussuchen	choose, select	(sich) ein Buch ~
der Auftrag, ¨-e	order, commission	einen ~ erteilen / der ~geber

bestellen	order	Waren ~ / Möbel ~
sich anschaffen	buy, purchase	sich neue Möbel ~ / sich ein Auto ~
liefern	supply, deliver	die bestellten Waren ~ / frei Haus ~
die Lieferung, -en	delivery	die ~ der bestellten Waren
der Verbraucher, -	consumer	Der ~ ist zufrieden. / die ~preise

1 anbieten: bietet an – bot an – hat angeboten
2 empfehlen: ich empfehle, er empfiehlt – empfahl – hat empfohlen

126 Geschäft

das Geschäft, -e	shop	das Fach~ / ~e machen / der ~s·mann
der Laden, ˚	shop	der ~tisch / einen ~ aufmachen
das Kaufhaus, ˚er	department store	ins ~ gehen / im ~ kaufen
das Schaufenster, -	shop window	etw. im ~ sehen / die ~dekoration
der Supermarkt, ˚e	supermarket	im ~ kaufen
der Kiosk, -s	kiosk	der Zeitungs~ / etw. am ~ kaufen
die Fußgängerzone, -n	pedestrian precinct	In dieser Stadt gibt es eine ~.
der Verkäufer, -	shop assistant	Der ~ bedient die Kunden. // die Verkäuferin
bedienen	serve	die Kunden ~ / freundlich bedient werden
verkaufen	sell	etw. billig ~ / teuer ~
der Kunde, -n	customer, client	der Stamm~ / der ~n·dienst // die Kundin
(sich) kaufen	buy	ein neues Auto ~ / Hier kaufst du günstig.
einkaufen	go shopping	im Supermarkt ~ / ~ gehen
neu/neuer/neu(e)ste	new	die ~e Waschmaschine
der Markt, ˚e	market	der ~platz / auf den ~ gehen / die ~halle / neue Produkte auf den ~ bringen / der Arbeits~
eröffnen	open	ein Geschäft ~

127 Verpackung

▼ 142 Transport

das Lager, -	store; stock	das ~haus / etw. auf ~ haben
die Verpackung, -en	wrapping, packaging	eine schöne ~
die Kiste, -n	box	eine schwere ~ / die Zigarren~
der Kasten, ⸚	box	ein ~ mit Bierflaschen / ein ~ Mineralwasser
das Paket, -e	parcel	ein ~ schicken / ein ~ bekommen
das Päckchen, -	packet, small parcel	das ~ zur Post bringen
die Packung, -en	packet	eine ~ Kekse
packen	pack (up)	den Koffer ~ / etw. ein~
einpacken	wrap up	die Waren ~ / das Geschenk ~ / Sachen für die Reise ~
auspacken	unpack	das Geschenk ~ / den Koffer ~
die Schachtel, -n	box	eine ~ Zigaretten / eine ~ Streichhölzer
die Tüte, -n	bag	eine ~ Zucker / die Plastik~
die Büchse [ˈbʏksə], -n	tin, can	das ~n·fleisch / der ~n·öffner
die Tube, -n	tube	die Farb~ / eine ~ Zahnpasta
der Container [kɔnˈteːnɐ], -	container	in den ~ verladen / die ~ transportieren
enthalten[1]	contain	Die Schachtel enthält Zigaretten.
der Bindfaden, ⸚	string	ein Stück ~ / fester ~
kleben	glue, stick	etw. zu~ / etw. fest~ / ein Pflaster auf~
der Klebstoff, -e	glue	eine Tube ~

1 enthalten: enthält – enthielt – hat enthalten

128 Gewicht

das Gewicht, -e	weight	ein schweres ~ / das ~ des Pakets / Seine Worte haben ein großes ~.
leicht	light	eine ~e Tasche / feder~
schwer	heavy	ein ~es Paket / ~ tragen
die Waage, -n	(pair of) scales	etw. auf die ~ legen

wiegen[1]	weigh	Das Päckchen wiegt zwei Kilo. / „Bitte ~ Sie diesen Brief."
das Gramm	gram	250 ~ Kaffee
das Pfund	pound	eine halbes ~ Butter / zwei ~ Zucker
der Zentner, -	(metric) hundredweight	ein ~ Kartoffeln / der Doppel~
das Kilo(gramm)	kilo(gram)	ein ~ Fleisch

1 wiegen: wiegt – wog – hat gewogen

129 Preis

der Wert, -e	value	der ~ der Ware / der ~ des Geldes
wert (sein)	be worth	Das Haus ist 500 000 Mark ~. / sehens~ / preis~
der Preis, -e	price	die ~liste / den ~ bezahlen
die Kosten (Pl.)	cost(s)	die hohen ~ / die Herstellungs~
kosten	cost	„Was kostet das?" / Zeit und Mühe ~
teuer	expensive	Das Auto ist sehr ~. / ein ~er Laden
preiswert	cheap, reasonable	ein ~es Angebot machen
billig	cheap	~e Waren / etw. ~ kaufen
umsonst	free	etw. ~ dazukommen / Das ist ~.
gratis	free	den Katalog ~ bekommen
die Kasse, -n	check-out, cash-desk, till	an der ~ bezahlen / Das Geld liegt in der ~.
zahlen	pay	den Betrag ~ / auf das Konto ein~ / Strafe ~ / Steuern ~
bezahlen	pay	die Rechnung ~
bar	(in) cash	~ bezahlen / ~es Geld / Bargeld
die Rechnung, -en	bill, invoice	die ~ bezahlen / eine ~ ausstellen
die Quittung ['kvɪtʊŋ], -en	receipt	eine ~ verlangen / eine ~ bekommen

130 Geld ▼ 132 Besitz

die Währung, -en	currency	die ausländische ~
die Wechselstube, -n	bureau de change	in die ~ gehen / in der ~ Geld wechseln
wechseln	change	„Können Sie mir die 20 Mark ~?" / 100 Mark in Dollars ~
umtauschen	change	Geld ~ / gekaufte Ware ~
das Geld	money	~ verdienen / ~ ausgeben / ~ sparen / das Taschen~
die Mark	mark	die Deutsche ~ / Das kostet 10 ~. / der Zehn~schein / das ~stück
der Pfennig, -e	pfennig	das 10-~-Stück / Das kostet 50 ~.
der Schein, -e	note	der Geld~ / der 100-Mark-~
die Bank, -en	bank	Geld auf die ~ bringen / das ~konto
die Sparkasse, -n	(savings) bank	zur ~ gehen / ein Konto bei der ~ haben
das Konto, Konten	account	das Bank~ / der ~auszug / ein ~ eröffnen
eröffnen	open	ein Konto ~
einzahlen	pay in	Geld auf das Konto ~
abheben[1]	withdraw	Geld vom Konto ~
überweisen[2]	transfer	Geld ~ / Geld an die Firma ~
die Zinsen (Pl.)	interest	4,5 % ~ bekommen / ~ zahlen
das Prozent, -e	percentage	der ~satz / 6 ~ Zinsen (%) / hundert ~ = 100 %
der Scheck, -s	cheque, (US) check	einen ~ ausstellen / mit ~ zahlen
die Scheckkarte, -n	cheque card	die ~ vorzeigen
das Kapital	capital	~ besitzen / das ~ gut anlegen
die Mittel (Pl.)	means, funds	Dazu fehlen mir die ~.
der Kredit, -e	credit	einen ~ bekommen / etw. auf ~ kaufen
die Schulden (Pl.)	debts	seine ~ bezahlen
finanziell	financial	die ~e Lage / ~ geht es ihm jetzt besser.
die Inflation	inflation	die ~s·rate / die ~ bekämpfen

1 abheben: hebt ab – hob ab – hat abgehoben
2 überweisen: überweist – überwies – hat überwiesen

131 Einkommen

▲ 116 Arbeitsplatz

verdienen	earn	Geld ~ / 4000 Mark ~
der Lohn, ⁓e	wage(s)	der Tarif~ / die ~erhöhung
das Gehalt, ⁓er	salary	Die Familie lebt von einem ~. / die ~s·zahlung
der Tarif, -e	(wage) rate	nach ~ bezahlt werden / der ~vertrag
die Rente, -n	pension	eine ~ beantragen / eine ~ bekommen / in ~ gehen
das Einkommen, -	income	ein gutes ~ haben / das ~ versteuern
die Einnahme, -n	takings	die Tages~n eines Geschäftes
der Gewinn, -e	profit	einen ~ machen / ~ und Verlust
die Steuer, -n	tax	~n zahlen / die ~n werden erhöht
das Finanzamt, ⁓er	inland revenue, tax office	die Steuern an das ~ zahlen
der Beitrag, ⁓e	contribution	der Krankenkassen~ / den ~ bezahlen
die Gebühr, -en	fee	Die ~ beträgt 50,– DM.

Wirtschaft

132 Besitz

haben¹	have	ein Auto ~ / ein Haus ~ / Glück ~
das Eigentum	property	Das ist mein ~. / die ~s·wohnung / das ~ der Stadt
der Besitz, -e	property	der Privat~
der Eigentümer, -	owner	der ~ des Autos // die Eigentümerin
der Besitzer, -	owner	der Haus~ // die Besitzerin
der Inhaber, -	owner	der ~ des Geschäfts // die Inhaberin
gehören	belong (to)	Das Auto gehört ihm.
besitzen²	possess, own	ein Haus ~
eigen-	own	mein ~es Auto / eine ~e Meinung haben

Possessivpronomen

mein, meine	my
dein, deine	your
sein, seine	his, its
ihr, ihre	her, its
unser, unsere	our
euer, eure	your
ihr, ihre	their

das Vermögen, -	wealth, fortune	~ haben / ein großes ~ erben
reich	rich	~ sein / eine ~e Frau / ~e Leute / Dieses Land ist ~ an Bodenschätzen.
großzügig	generous	ein ~es Geschenk / ein ~er Mensch / Das ist ~ von dir.
ausgeben³	spend	Geld ~ / wenig ~
sparsam	thrifty, economical	~ sein / ~ leben / Dieser Wagen ist ~ im Verbrauch.
sparen	save	Geld ~ / am Essen ~ / Energie ~
geizig	mean, miserly	~ sein
beneiden	envy	jdn. um etw. ~
der Neid	envy	aus ~ / den ~ erregen
neidisch	envious	~ sein auf jdn. / ein ~er Blick

1 haben: hat – hatte – hatte gehabt
2 besitzen: besitzt – besaß – hat besessen
3 ausgeben: ich gebe aus, er gibt aus – gab aus – hat ausgegeben

133 Armut

die Armut	poverty	in ~ leben
arm	poor	~ sein / ~e Leute / ~ an Kalorien
die Not	need	~ leiden / in ~ sein / der ~ausgang
ohne	without	~ Geld / ~ Einkommen
sozial	social	~e Probleme / das Sozialamt

134 Geben, nehmen

bitten[1]	ask	jdn. um etw. ~ / um Geld ~
bitte	please	„Kommen Sie ~!" / „Ein Bier, ~!" / „~ schön!" / „ (Wie) ~?"
der Wunsch, ⁻e	wish, desire	einen ~ haben / Das ist mein ~. / „Richten Sie bitte meine besten ⁻e aus!"
(sich) wünschen	wish (for), want	jdm. alles Gute ~ / sich etw. ~
fordern	demand	sein Recht ~ / eine Lohnerhöhung ~
verlangen	demand	etw. von jdm. ~ / Dieses Modell wird viel verlangt.
der Anspruch, ⁻e	claim, entitlement	der ~ auf Rente / einen ~ darauf haben
für	for	das Geschenk ist ~ ...
geben[2]	give	ein Trinkgeld ~ / eine Antwort ~ / jdm. etw. zu lesen ~ / Der Arzt gab der Patientin eine Spritze.
(sich) erfüllen	fulfil	jdm. einen Wunsch ~ / die Bitte ~ / einen Vertrag ~ / Seine Erwartungen haben sich nicht erfüllt.
(jdm./sich etwas) besorgen	get, buy	ein Taxi ~ / sich selbst Karten ~
schenken	give (as a present)	jdm. etw. zum Geburtstag ~ / etw. ver~
das Geschenk, -e	present	viele ~e bekommen / die Weihnachts~e
verteilen	distribute, share out	Briefe ~ / Geschenke ~
tauschen	exchange	Briefmarken ~ / etw. um~ / etw. ein~
leihen[3]	lend, borrow	etw. ver~ / sich etw. ~ / Geld ~
nehmen[4]	take	sich etw. ~ / jdm. etw. weg~ / etw. an~
bekommen[5]	receive, get	Geschenke ~ / Briefe ~
erhalten[6]	receive, get	einen Auftrag ~ etw. zu tun
kriegen	get	Ich habe nichts gekriegt.
abgeben[2]	hand in/over, leave	ein Päckchen bei jdm. ~ / die Jacke an der Garderobe ~

Wirtschaft

behalten[6]	keep	das Geld ~ / den Prospekt ~
danken	thank	jdm. für etw. ~ / jdm. etw. ver~ / „Möchten Sie noch etwas Tee?" „Nein, danke!" / „Dieser Brief ist für Sie." „Danke (schön/sehr)." / „Guten Appetit!" „Danke, gleichfalls."
sich bedanken	say thank you	sich für etw. ~ / sich herzlich ~
danke	thank you	„~!" / „~ schön" / „~ sehr!"
der Dank	thanks	„Vielen ~!" / „Gott sei ~." / ~ sagen
dankbar	grateful	~ sein ≠ un~
annehmen[4]	accept	ein Geschenk ~ / eine Einladung ~

1 bitten: bittet – bat – hat gebeten
2 geben: ich gebe, er gibt – gab – hat gegeben
3 leihen: leiht – lieh – hat geliehen
4 nehmen: ich nehme, er nimmt – nahm – hat genommen
5 bekommen: bekommt – bekam – hat bekommen
6 erhalten: ich erhalte, er erhält – erhielt – hat erhalten

TEST

Welche Wörter gehören zusammen?

(arm, reich, billig, schwer, unverbindlich)

1. Angebot: _____ 2. Not: _____ 3. Vermögen: _____

4. Preis: _____ 5. Waage: _____

Gegensätze

1. Export: _____ 2. verkaufen: _____

3. billig: _____ 4. reich: _____ 5. geben: _____

Synonyme

1. herstellen: _____ 2. Reklame: _____

3. Geschäft: _____ 4. Besitz: _____

Definitionen

1. Hammer und Zange sind _____ 2. Eisen und Kupfer sind _____ 3. Ein Werk, das Strom erzeugt: _____ 4. Hundert Pfennige: _____ 5. Ein Stück Papier, auf dem steht, dass die gekaufte Ware von guter Qualität ist: _____ 6. Ein Stück Papier, auf dem der Preis der gekauften Ware steht: _____ _____ 7. Ein Stück Papier, auf dem steht, dass der Preis bezahlt worden ist: _____ 8. Jemand, der viel Geld hat, ist _____ 9. Das Geld, das sich jemand geborgt hat und das er zurückzahlen muss: _____

Verkehr

135 Straßen

die Straße, -n	road, street	die Land~ / die Haupt~ / die Neben~ / der ~n·name
der Bürgersteig, -e	pavement, sidewalk	auf dem ~ gehen
die Einbahnstraße, -n	one-way street	die ~ befahren
die Ausfahrt, -en	exit	die ~ freihalten / die Autobahn~
der Platz, ¨e	square	der Markt~
die Kreuzung, -en	crossing, intersection, crossroads	eine gefährliche ~
die Ampel, -n	traffic light	Die ~ zeigt „Rot". / vor der ~ warten
die Vorfahrt	priority	die ~ beachten
das Schild, -er	sign	das Verkehrs~ / das Nummern~ am Auto
das Verkehrszeichen, -	traffic sign	die ~ beachten
die Umleitung, -en	diversion	das ~s·schild
die Autobahn, -en	motorway, expressway	auf der ~ fahren / das ~kreuz
die Bundesstraße, -e	main road	auf der ~ fahren / die ~ 70
der Weg, -e	way, path, track	der Wald~ / der Feld~ / der Rad~ / der kürzeste ~ / Ich weiß keinen anderen ~.
die Kurve ['kʊrfə], -n	bend	in die ~ fahren / die kurvenreiche Strecke
markieren	mark	Der Radweg ist markiert.

136 Verkehr

▼ 184 Bewegung   ▼ 185 Geschwindigkeit

der Verkehr	traffic	der Rechts~ / der Gegen~ / den ~ regeln
der Fußgänger, -	pedestrian	Die ~ gehen auf dem Bürgersteig.
gehen[1]	walk	spazieren ~ / weg~ / hin~ / weiter~

der Schritt, -e	step	einen ~ nach vorn machen / ~ für ~
treten²	tread, step	ins Haus ein~ / weg~ / hervor~ / das Pedal ~ / in etw. ~
das Fahrrad, ⸚er	bicycle	das Herren~ / das Damen~
das Rad, ⸚er	bicycle	mit dem ~ fahren
der Radfahrer, -	cyclist	Die ~ fahren auf dem Radweg. // die Radfahrerin
das Motorrad, ⸚er	motor cycle	ein schweres ~ / der ~fahrer
das Auto, -s	car	~ fahren / die ~fabrik / ein ~ kaufen
der Wagen, -	car	der Sport~ / der Gebraucht~
das Taxi, -s	taxi	„Hallo, ~!" / mit dem ~ fahren / ein ~ bestellen
der Kofferraum	boot	das Gepäck in den ~ legen
das Verkehrsmittel, -	means of transport	die öffentlichen ~ benutzen
der Autobus, -se	bus	auf den ~ warten / mit dem ~ fahren
der Bus, -se	bus	der Linien~ / der Reise~
der Lastkraftwagen, -	lorry, truck	ein schwerer ~
der LKW ['ɛlkaːveː], -s	lorry, truck	Für ~s gesperrt!

1 gehen: geht – ging – ist gegangen
2 treten: ich trete, er tritt – trat – ist getreten
3 Rad fahren: ich fahre Rad, er fährt Rad – fuhr Rad – ist Rad gefahren

137 Auto fahren ▼ 185 Geschwindigkeit ▼ 186 Richtung

der Motor, -en	engine	der starke ~ / der Benzin~ / der Diesel~
das Benzin	petrol, (US) gas	das Super~ / das Normal~ / der ~preis
die Tankstelle, -n	service/petrol station	an der nächsten ~ halten
tanken	fill up (with petrol)	Benzin ~ / bleifrei ~ / voll~
das Abgas, -e	exhaust (fume)	die ~e des Autoverkehrs
das Rad, ⸚er	wheel	das Vorder~ / das Hinter~ / das Reserve~
der Reifen, -	tyre	die ~panne / der Winter~

Verkehr

Auto fahren

(sich) drehen	turn	Das Rad dreht sich. / das Steuerrad ~ / um~ und zurückfahren
der Fahrer, -	driver	der Auto~ / der ~ des Busses
starten	start	den Motor ~
der Gang, ⸚e	gear	der erste ~ / den ~ einlegen / der Rückwärts~
die Fahrt, -en	trip, journey	die Auto~ / die Hin~ / die Rück~
fahren[1]	drive, go	mit dem Auto ~ / nach München ~ / jdn. nach Hause ~ / ab~ / weg~ / los~ / weiter~ / zu schnell ~
überholen	overtake	den LKW ~
die Geschwindigkeitsbeschränkung, -en	speed limit	die ~ einhalten
hupen	hoot, sound the horn	nicht ~
die Bremse, -n	brake	auf die ~ treten / die Hand~ ziehen
bremsen	brake	Der Fahrer bremst. / Das Auto bremst.
anhalten[2]	stop	Der Bus hält an. / vor der Ampel ~
stoppen	stop	bei Rot ~ / von der Polizei gestoppt werden
der Stau, -s	traffic jam	der ~ auf der Autobahn / ein langer ~
parken	park	das Auto ~ / vor dem Haus ~
die Parkuhr, -en	parking meter	Geld in die ~ werfen
die Garage [ga'raːʒə], -n	garage	eine ~ mieten / das Auto in die ~ stellen
der Führerschein, -e	driving licence, driver's license	den ~ machen / einen ~ haben / der internationale ~

1 fahren: ich fahre, er fährt – fuhr – ist gefahren
2 anhalten: ich halte an, er hält an – hielt an – hat angehalten

138 Panne, Unfall ▲ 30 Krankheit ▲ 109 Polizei

der Sicherheitsgurt, -e	safety/seat belt	den ~ anlegen
die Panne, -n	breakdown	die Auto~ / die Reifen~ / eine ~ haben
abschleppen	tow away	das kaputte Auto ~ lassen
der Unfall, ⸚e	accident	ein schwerer ~ / einen ~ verursachen
zusammenstoßen¹	collide	Die Autos sind zusammengestoßen.
überfahren²	run over, knock down	jdn. ~ / einen Radfahrer ~ / ~ werden
die Katastrophe, -n	disaster, catastrophe	Das ist eine ~. / die Flugzeug~
der Schaden, ⸚	damage	der Sach~ / der Personen~ / einen ~ verursachen
beschädigen	damage	das Auto ~ / die Stoßstange ~
die Versicherung, -en	insurance	die Haftpflicht~ / eine Lebens~ abschließen
versichern	insure	sich ~ lassen / das Reisegepäck ~

1 zusammenstoßen: sie stoßen zusammen – sie stießen zusammen – sie sind zusammengestoßen
2 überfahren: ich überfahre, er überfährt – überfuhr – hat überfahren

139 Schienenverkehr

die Bahn, -en	railway, railroad	die Straßen~ / die U-~
die Eisenbahn, -en	railway, railroad	mit der ~ fahren / bei der ~ arbeiten
die Straßenbahn, -en	tram	mit der ~ fahren
der Zug, ⸚e	train	Der ~ fährt ab.
die Lokomotive, -n	locomotive	die elektrische ~ / die Diesel~
der Wagen, -	carriage, car	der Speise~ / der Schlaf~
das Gepäck	luggage, baggage	das Hand~ / das ~ zum Bahnhof bringen
der Koffer, -	suitcase	den ~ tragen
der Schaffner, -	ticket inspector	der Zug~ / der Straßenbahn~
die Schiene, -n	rail	die Eisenbahn~n
das Gleis, -e	platform, track	Der Zug hält auf ~ 3.
die Haltestelle, -n	stop	die Bus~ / an der ~ warten

Luftverkehr

der B*a*hnhof, ⸚e	station	der Haupt~ / jdn. zum ~ bringen / jdn. vom ~ abholen
die Stati*o*n, -en	station	die U-Bahn-~
der Sch*a*lter, -	ticket office	der Fahrkarten~
die F*a*hrkarte, -n	ticket	eine ~ kaufen / die Rück~
der Tar*i*f, -e	fare	die ~e erhöhen
der F*a*hrplan, ⸚e	timetable	auf den ~ sehen
das K*u*rsbuch, ⸚er	timetable (directory)	das neue ~
die *A*bfahrt	departure	die ~s·zeit / die ~ des Zuges
*a*bfahren[1]	depart	morgens ~ / um 13 Uhr ~
verp*a*ssen[2]	miss	den Zug ~
die *A*nkunft	arrival	die ~s·zeit
*a*nkommen[3]	arrive	pünktlich ~ / mit Verspätung ~ / in Köln ~
sich versp*ä*ten	be late	sich um 30 Minuten ~
die Versp*ä*tung, -en	late arrival, delay	Der Zug hat 10 Minuten ~.
der B*a*hnsteig, -e	platform	auf dem ~ stehen und warten
*ei*nsteigen[4]	get in	„Bitte ~!" / in den D-Zug ~
*au*ssteigen[4]	get out	in Köln ~ / „Alle ~!" / an der Haltestelle ~
*u*msteigen[4]	change	in Köln ~
der *A*nschluss, ⸚e	connection	~ haben / den ~ verpassen

1 abfahren: ich fahre ab, er fährt ab – fuhr ab – ist abgefahren
2 verpassen: verpasst – verpasste – hat verpasst
3 ankommen: kommt an – kam an – ist angekommen
4 einsteigen: steigt ein – stieg ein – ist eingestiegen

140 Luftverkehr

das Fl*u*gzeug, -e	plane	Das ~ landet pünktlich. / das Düsen~
der Pil*o*t, -en	pilot	der Ko~
die Stewardess ['stjuːɐdɛs], -en	flight attendant	Die ~ bedient die Fluggäste.
st*a*rten	take off	Das Flugzeug startet. / pünktlich ~ in München ~
*a*bfliegen[1]	depart	

Schifffahrt

fliegen[1]	fly	Er flog nach Berlin. / Dieses Flugzeug fliegt nach Madrid. / die Stadt über~
der Flug, ~e	flight	einen ~ buchen / der Ab~ / der ~gast / die ~gesellschaft
die Landung, -en	landing	zur ~ ansetzen / die Zwischen~ / die Not~
landen	land	in Frankfurt ~
der Flughafen, ~	airport	der Frankfurter ~ / mit dem Taxi zum ~ fahren
buchen	book	einen Flug nach München ~
das Ticket, -s	ticket	das Flug~ kaufen
der Hubschrauber, -	helicopter	der Rettungs~

1 abfliegen: fliegt ab – flog ab – ist abgeflogen

Verkehr

141 Schifffahrt

▼ 159 Meer

das Schiff, -e	ship, boat	das Handels~ / das Kriegs~
der Tanker, -	tanker	Der ~ transportiert Erdöl. / das ~unglück
die Fähre, -n	ferry	die Auto~ / eine ~ benutzen
das Segel, -	sail	das ~boot / die ~ setzen
das Boot, -e	boat	das Motor~ / das Fischer~ / das Ruder~ / das Rettungs~
rudern	row	auf dem See ~
der Seemann	sailor	~ werden
der Kapitän, -e	captain	der ~ des Schiffes
der Steuermann	helmsman	Der ~ steht am Ruder. (= Steuerrad)
die Kabine, -n	cabin	die Einzel~ / eine ~ mieten
der Passagier, -e	passenger	Die ~e gehen an Bord. / der blinde ~ (= der nicht bezahlt hat)
der Hafen, ~	port, harbour	die ~stadt / der Hamburger ~

142 Transport

▲ 125 Handel ▲ 127 Verpackung ▲ 128 Gewicht

der Transport, -e	transport	der Waren~ / die ~kosten / der Schwer~
transportieren	transport	Waren ~
befördern	transport	mit der Eisenbahn ~ / Pakete ~
laden[1]	load	etw. ver~ / ein~ / auf~ / aus~ / ab~ / um~
die Ladung, -en	load	die Schiffs~
die Fracht	freight	die ~kosten
holen	fetch	Zigaretten ~ / Hilfe ~
abholen	collect	die bestellten Waren ~
mitnehmen[2]	take	die Kisten ~
bringen[3]	bring	die Zeitung ~ / etw. mit~ / her~ / weg~ / jdn. nach Hause ~
schieben[4]	push	den Wagen ~ / weg~ / zurück~
ziehen[5]	pull	den Wagen ~
heben[6]	lift	den Koffer ~ / etw. auf~ / an~ / hoch~
tragen[7]	carry, wear	eine Kiste ~ / etw. weg~ / eine Brille ~
(sich) halten[8]	hold	fest in der Hand ~ / „Halte dich fest!"
werfen[9]	throw	den Ball ~ / etw. um~ / etw. weg~
stellen	put	etw. hin~ / etw. um~ / etw. auf~
legen	lay	auf den Boden ~ / hin~
liegen[10]	lie	~ lassen / ~ bleiben

1 laden: ich lade, er lädt – lud – hat geladen
2 mitnehmen: ich nehme mit, er nimmt mit – nahm mit – hat mitgenommen
3 bringen: bringt – brachte – hat gebracht
4 schieben: schiebt – schob – hat geschoben
5 ziehen: zieht – zog – hat gezogen
6 heben: hebt – hob – hat gehoben
7 tragen: ich trage, er trägt – trug – hat getragen
8 halten: ich halte, er hält – hielt – hat gehalten
9 werfen: ich werfe, er wirft – warf – hat geworfen
10 liegen: liegt – lag – hat gelegen

143 Reise

▼ 174 Ereignis

die Reise, -n	journey, trip	eine ~ machen / die Geschäfts~ / die Studien~ / die Ab~ / die ~kosten
reisen	travel	mit dem Zug ~ / nach Paris ~
verreisen	go away	im Sommer ~ / verreist sein
das Reisebüro, -s	travel agency	ins ~ gehen / im ~ eine Reise buchen
der Verkehrsverein, -e	tourist office	im ~ eine Unterkunft buchen
der Tourist [tu'rıst], -en	tourist	die ausländischen ~en // die Touristin
der Anhalter, -	hitchhiker	einen ~ mitnehmen
der Ausflug, ⁻e	outing, trip	einen ~ machen / ein ~ in die Berge
die Rundfahrt, -en	tour	die Stadt~ / eine ~ machen
wandern	hike, go hiking	im Wald ~ / in den Bergen ~ / ~ gehen
das Picknick	picnic	ein ~ machen
spazieren gehen¹	go for a walk	mit dem Hund ~ / am Nachmittag ~
der Spaziergang, ⁻e	walk	einen ~ machen / ein ~ an frischer Luft
die Sehenswürdigkeit, -en	sight	die ~en besichtigen
besichtigen	see, look round	ein Schloss ~ / das Museum ~
die Besichtigung, -en	tour	die ~ des Schlosses
die Führung, -en	guided tour	Die nächste ~ findet um 11 Uhr statt.
das Museum, Museen	museum	ins ~ gehen / die ~s·besucher
das Souvenir [zuvə'niːɐ], -s	souvenir	~s mitbringen

1 spazieren gehen: geht spazieren – ging spazieren – ist spazieren gegangen

Verkehr

144 Hotel, Camping

▲ 26 Restaurant

der Aufenthalt	stay	ein ~ in Österreich / die ~s-erlaubnis
das Hotel, -s	hotel	das ~zimmer vorbestellen
die Pension [pã'zio:n], -en	guesthouse	die Halb~ / die Voll~ / in einer ~ wohnen
das Zimmer, -	room	das Einzel~ / das Doppel~ / ein ~ für eine Woche nehmen
reservieren	book	ein Zimmer ~ / einen Tisch ~
die Rezeption, -en	reception	den Schlüssel an der ~ abgeben
übernachten	stay, spend the night	im Hotel ~ / im Freien ~
Camping ['kɛmpɪŋ]	camping	~ machen
der Campingplatz, ⁀e	camp(ing)-site	auf dem ~ bleiben
das Zelt, -e	tent	das ~ aufbauen / im ~ schlafen
der Wohnwagen, -	caravan	mit dem ~ verreisen
die Saison [zɛ'zõ:], -s	season	die Haupt~ / die Vor~ / die Nach~

TEST

Welche Wörter gehören zusammen?

(Reifen, Segel, Ampel, Pilot, Bürgersteig, Tourist, Benzin)

1. Kreuzung: _____   2. Fußgänger: _____

3. Motor: _____   4. Rad: _____   5. Flugzeug: _____

6. Schiff: _____   7. Hotel: _____

Definitionen

1. Eine Straße, die nur in einer Richtung befahren werden darf: _____

_____   2. Jemand, der zu Fuß auf der Straße geht: _____

3. Eine Urkunde, mit der man nachweist, dass man Auto fahren darf:

_____ 4. Ein großes Schiff, das Erdöl transportiert: _____

_____ 5. Jemand, der von vorbeifahrenden Autos mitgenommen werden

will: _____

Verkehr

Gegensätze

1. Abfahrt: _____ 2. einsteigen: _____

3. Das Flugzeug startet: es _____

Vervollständigen Sie die Sätze.

1. Wenn die _____ „Rot" zeigt, müssen die Autos halten. 2. An der

_____ kann man Benzin tanken. 3. Um bei einem Unfall mit dem Auto

nicht getötet zu werden, sollte man den _____ anlegen. 4. Die

_____ zieht den Eisenbahnzug. 5. Der _____ hat das Komman-

do an Bord eines Schiffes. 6. In einem _____ kann sich der Tourist ein

Zimmer mieten. 7. Auf dem _____ kann man das Zelt aufbauen oder den

Wohnwagen abstellen.

Freizeit

145 Spielen

die Freizeit	free/leisure time	viel ~ haben / in der ~
das Hobby, -s	hobby	Basteln ist mein ~. / viele ~s haben
spielen	play	Die Kinder ~. / auf der Straße Ball ~
das Spielzeug	toy	viel ~ haben / dem Kind ~ schenken
die Puppe, -n	doll	mit der ~ spielen / der ~n·wagen
der Ball, ⸚e	ball	~ spielen / Fuß~ / Hand~
werfen[1]	throw	den Ball ~
fangen[2]	catch	den Ball ~
das Spiel, -e	game	das Karten~ / die ~regeln
die Karte, -n	card	~n spielen
das Schach	chess	~ spielen / die ~figur / das ~brett
gewinnen[3]	win	beim Spiel ~ / das Spiel ~
das Glück	luck	~ haben / das ~s·spiel
verlieren[4]	lose	das Spiel ~

1 werfen: ich werfe, er wirft – warf – hat geworfen
2 fangen: ich fange, er fängt – fing – hat gefangen
3 gewinnen: gewinnt – gewann – hat gewonnen
4 verlieren: verliert – verlor – hat verloren

146 Sport

der Sport	sport	~ treiben / der Leistungs~ / der Winter~
sportlich	athletic, sporty	~ sein / sich ~ kleiden / die ~e Höchstleistung
treiben[1]	do (sport)	Sie treibt Sport.
das Stadion, Stadien	stadium	das Olympia~ / das Fußball~
turnen	do gymnastics	in der Halle ~ / ~ gehen

Musik

trainieren [trɛˈniːrən]	train	täglich ~
das Training [ˈtrɛːnɪŋ]	training	ein hartes ~ / der ~s·anzug
der Sportler, -	sportsman	der Leistungs~ // die Sportlerin
der Profi, -s	professional	der ~spieler / der ~fußball
die Mannschaft, -en	team	die Fußball~ / die National~
der Wettkampf, ⸚e	competition	Sieger des ~es sein
der Gegner, -	opponent	ein starker ~
das Tennis	tennis	der ~spieler / der ~platz / Tisch~
springen²	jump	6 Meter weit ~ / 2 Meter hoch ~ / ins Wasser ~
das Jogging [ˈdʒɔgɪŋ]	jogging	sich mit ~ fit halten
der Läufer, -	runner	der Lang~ / der Marathon~ // die Läuferin
der Start, -s	start	der ~schuss / am ~ sein / fertig zum ~
das Ziel, -e	finish	am ~ sein
der Sieger, -	winner	die ~ehrung // die Siegerin
der Rekord, -e	record	der Europa~ / der Welt~
der Fußball, ⸚e	football	die ~mannschaft / der ~platz / das ~spiel
das Tor, -e	goal	der ~wart
der Schiedsrichter, -	referee	die Entscheidung des ~s respektieren
fair [ˈfɛːɐ]	fair	sich ~ verhalten / eine ~e Entscheidung
der Verein, -e	club	der Sport~ / einem ~ angehören
das Spiel, -e	match	das ~ steht 1:2

Freizeit

1 treiben: treibt – trieb – hat getrieben
2 springen: springt – sprang – ist gesprungen

147 Musik

▲ 4 Hören

die Musik	music	~ machen / die Unterhaltungs~
die Melodie, -n	melody	eine ~ singen
das Lied, -er	song	ein ~ singen / das Volks~
der Hit, -s	hit	die ~s im Radio hören
singen¹	sing	ein Weihnachtslied ~ / mit~ / vor~

Malerei **152**

Freizeit

der Sänger, -	singer	der Opern~ // die Sängerin
das Orchester [ɔrˈkɛstɐ], -	orchestra	das Tanz~ / das Symphonie~
das Instrument, -e	instrument	ein ~ spielen / das Blas~
die Gitarre, -n	guitar	auf der ~ spielen / mit der ~ begleiten
die Geige, -n	violin	~ spielen / die 1. ~
die Trompete, -n	trumpet	die Jazz~ / ~ blasen
das Klavier, -e	piano	~ spielen können / das ~konzert
das Konzert, -e	concert, concerto	das Violin~ von Beethoven / der ~saal
klassisch	classical	~e Musik hören
die Platte, -n	record	eine alte Schall~ / der ~n·spieler
die Kassette, -n	cassette	Musik auf ~ überspielen
der Kassettenrekorder, -	cassette recorder	einen ~ haben
tanzen	dance	Walzer ~ / gut ~ können
der Tanz, ⸚e	dance	ein moderner ~ / die ~veranstaltung
die Disko/Diskothek	disco, discotheque	in eine ~ gehen
der Jazz [dʒɛs]	jazz	die ~musik / die ~kapelle / ~ hören
der Rock	rock	Er mag ~musik.

1 singen: singt – sang – hat gesungen

148 Malerei ▲ 7 Farben

die Kunst, ⸚e	art	das ~werk
der Künstler, -	artist	ein großer ~ // die Künstlerin
bekannt	well-known	~ sein / ~ werden ≠ un~
berühmt	famous	ein ~er Maler / welt~ sein
der Maler, -	painter	der Kunst~ // die Malerin
malen	paint	ein Bild ~
zeichnen	draw	einen Baum ~ / mit dem Bleistift ~
die Zeichnung, -en	drawing	die Bleistift~ / eine ~ anfertigen
das Bild, -er	picture	der ~er·rahmen / das ~ an die Wand hängen
das Gemälde, -	painting	das Öl~ / die ~galerie
die Ausstellung, -en	exhibition	die Kunst~
ausstellen	exhibit	Bilder ~ / Kunstwerke ~

149 Literatur

▲ 82 Buch

die Literatur	literature	die deutsche ~ / die Fach~
der Autor, -en	author	der ~ des Buches // die Autorin
der Schriftsteller, -	writer	der Roman~ // die Schriftstellerin
der Roman, -e	novel	der Kriminal~ / der Liebes~
die Erzählung, -en	story	eine spannende ~
die Geschichte, -n	story	eine ~ erzählen / die Kurz~
das Märchen, -	fairy tale	ein ~ erzählen / das ~buch
der Dichter, -	poet	Goethe war ein großer deutscher ~.
das Gedicht, -e	poem	ein ~ lernen / ein ~ aufsagen
das Werk, -e	work	Goethes ~e / die gesammelten ~e

150 Theater

das Theater, -	theatre	ins ~ gehen / die ~kasse / die ~karte / die ~aufführung
der Eintritt	admission	die ~s·karte
der Vorhang, ⁻e	curtain	den ~ aufziehen
die Aufführung, -en	performance	die ~ eines Theaterstücks / die Ur~
die Vorstellung, -en	performance	Die ~ beginnt um 18 Uhr.
der Schauspieler, -	actor	Der ~ spielt im Stück ... // die Schauspielerin
die Rolle, -n	role	die Haupt~ spielen / eine Neben~
das Theaterstück, -e	play	ein erfolgreiches ~
das Drama	drama	ein ~ von Schiller / die Handlung des ~s
die Oper, -n	opera	das ~n·haus / in die ~ gehen
der Zuschauer, -	member of the audience	der ~raum / Die ~ sind begeistert. // die Zuschauerin
das Publikum	audience	Das ~ klatscht. / Das ~ pfeift.
zuschauen	watch	gespannt ~
klatschen	clap, applaud	Beifall ~ / lange ~

151 Kino, Fernsehen, Rundfunk

das Kino, -s	cinema, movie theater	ins ~ gehen / der ~film
der Film, -e	film, movie	der Fernseh~ / einen ~ drehen / der Dokumentar~
der Star, -s	star	der Film~
spannend	exciting, thrilling	ein ~er Film / eine ~e Geschichte
das Fernsehen	television	im ~ bringen / das Fernsehprogramm
der Fernseher, -	television (set)	den ~ anmachen / den ~ ausmachen
fernsehen[1]	watch TV	abends ~ / lange ~
Video	video	das ~gerät / der ~rekorder
das Radio, -s	radio	der ~apparat / das Koffer~ / ~ hören / ~ Bremen
der Lautsprecher, -	loudspeaker	die ~ im Radio
einschalten	switch/turn on	das Radio ~ / den Fernseher ~
der Rundfunk	radio (station)	die ~gebühren / der Norddeutsche ~
die Durchsage, -n	announcement	eine wichtige ~
die Nachrichten (Pl.)	news	~ hören
der Kommentar, -e	comment, commentary	einen interessanten ~ hören
der Krimi, -s	thriller	einen spannenden ~ anschauen
die Sendung, -en	broadcast	die Musik~ / eine beliebte ~
senden	broadcast	Nachrichten ~ / Musik ~ / einen Gruß ~
die Übertragung, -en	transmission	die ~ der Ansprache des Präsidenten / die Direkt~
der Sender, -	station	der Radio~ / der Fernseh~
das Studio, -s	studio	das Fernseh~ / zu Gast im ~
das Programm, -e	programme	Das ~ des heutigen Abends wurde kurzfristig geändert.

1 fernsehen: ich sehe fern, er sieht fern – sah fern – hat ferngesehen

152 Fotografie

die Kamera, -s	camera	die Fernseh~ / die Video~ / mit einer ~ fotografieren
der Fotoapparat, -e	camera	der teure ~ / ein guter ~
fotografieren	photograph	jdn. ~ / eine Kirche ~ / Sie fotografiert gerne.
entwickeln	develop	den Film ~ lassen
das Foto, -s	photo	~s machen / ein ~ vergrößern / das ~album

153 Geschmack

der Geschmack	taste	der gute ~ / der persönliche ~
finden[1]	find, think	Ich finde es wundervoll.
bewundern	admire	ein Gemälde ~
die Schönheit	beauty	die ~ eines Kunstwerks
schön	beautiful	ein ~es Bild / wunder~
hübsch	pretty	ein ~es Foto / Sie ist ~.
herrlich	splendid, magnificent	eine ~e Kirche / ~e Musik
wunderbar	marvellous	die ~e Reise
großartig	magnificent	ein ~er Film
vollkommen	perfect	die ~e Schönheit ≠ un~
perfekt	perfect	die ~e Technik des Malers
hässlich	ugly	ein ~es Gebäude

1 finden: findet – fand – hat gefunden

TEST

Ergänzen Sie die Sätze.

1. Ein Drama wird im _____ aufgeführt. 2. Einen Film sieht man im _____ oder im _____. 3. Ein Hörspiel hört man im _____.

Test 156

Gegensätze

1. Arbeitszeit: _____ 2. beim Spiel gewinnen: beim Spiel _____

_____ 3. schön: _____

Definitionen

1. Jemand, der in einem Theaterstück eine Rolle spielt: _____ 2. Ein großes Theaterstück mit Musik und Gesang: _____ 3. Viele Musiker, die gemeinsam spielen: _____ 4. Ein sehr berühmter Schauspieler/eine sehr berühmte Schauspielerin: _____ 5. Jemand, der bei einem Theaterstück oder einem Film zusieht: _____ _____ 6. Die Fähigkeit des Menschen, die ihn über „schön" und „hässlich" urteilen lässt: _____

Kreuzworträtsel

1. schreibender Künstler
2. Musik zum Singen
3. nicht schön
4. Text in Versen
5. Beifall spenden
6. Dort werden Dramen aufgeführt.
7. interessant, aufregend
8. Musikinstrument, zur Begleitung

2. M...
3. H...
4. G...
5. K...
6. T...
7. S...
8. G...

Umwelt

Wetter

154 Schönes Wetter
▼ 173 Jahreszeiten

das Wetter	weather	das schöne ~ / bei schlechtem ~
der Wetterbericht, -e	weather forecast	den ~ lesen / Wie ist der ~? / laut ~
die Luft	air	die frische Meeres~ / die ~feuchtigkeit
die Temperatur, -en	temperature	die Zimmer~ / die Außen~
der Grad, -e	degree	10 ~ Wärme = 10 ~ über Null = 10 ~ plus / 5 ~ Kälte = minus 5 ~ = 5 ~ unter Null
das Hoch, -s	high (pressure area)	das ~druckgebiet
heiter	fine	vormittags ~ , später Regen
die Sonne	sun	der ~n·schein / die ~n·brille / in der ~ liegen
scheinen[1]	shine	Die Sonne scheint. / Der Mond scheint.
das Klima	climate	das warme ~ / das gemäßigte ~
warm	warm	Es ist ~. / Mir ist ~. / das ~e Wetter / ~e Kleidung
die Hitze	heat	unter der ~ leiden
schwitzen	sweat	ins Schwitzen kommen

1 scheinen: scheint – schien – hat geschienen

155 Schlechtes Wetter

das Tief, -s	low, depression	Das ~ bringt Regen. / das Sturm~
der Nebel, -	fog	der dichte ~ / Der ~ behindert den Verkehr.
neblig	foggy, misty	Es ist heute ~.
die Wolke, -n	cloud	die ~n am Himmel / über den ~n fliegen / die Gewitter~
der Regen	rain	der ~schauer / der Sprüh~

regnen	rain	Es regnet. / Es regnet in Strömen.
der Schirm, -e	umbrella	der Regen~ / den ~ aufspannen
der Wind, -e	wind	der frische ~ / die ~richtung
der Sturm, ¨-e	storm	ein schwerer ~
das Gewitter, -	thunderstorm	der ~regen / Es gibt ein schweres ~.
der Blitz, -e	(flash of) lightning	Der ~ schlägt ein. / ~ und Donner
donnern	thunder	Es donnert.

156 Kaltes Wetter

▲ 30 Sich erkälten

frisch	fresh	der ~e Wind / Es ist ~.
kühl	cool	Es ist ~ geworden. / ein ~er Abend
kalt	cold	Mir ist ~. / die ~e Luft / das ~e Wasser
frieren[1]	freeze	in der Kälte ~ / Der See friert zu.
die Kälte	cold	5 Grad ~
der Frost	frost	die ~gefahr / der ~schutz
schneien	snow	es schneit
der Schnee	snow	der ~fall / die ~flocke / der ~mann
das Eis	ice	das ~ auf dem See / das Glatt~ auf den Straßen
der Winter	winter	der kalte ~ / der ~sport
der Schi/Ski, -er (auch: -)	ski, skiing	~ laufen / der ~lehrer

1 frieren: friert – fror – hat gefroren

TEST

Welche Wörter passen zusammen?

(frieren, regnen, schneien, schwitzen, donnern)

1. Hitze: _____ 2. Gewitter: _____

3. Schirm: _____ 4. Kälte: _____

5. Schnee: _____

Ordnen Sie die Wörter / Sätze.

Es ist heiter. Die Sonne scheint. Es ist warm. Es regnet.

Sonnenschein, Regen, Hoch, Blitz und Donner, Gewitter

1. Schönes Wetter: _____, _____, _____,

_____, _____

2. Schlechtes Wetter: _____, _____, _____,

_____

Kreuzworträtsel

1. Quelle des Lichtes und der Wärme
2. starke Kälte
3. gefrorener Regen
4. Niederschlag fällt
5. Wolken, die bis zum Erdboden reichen

Natur

157 Himmel

die Welt	world	die ganze ~ / der ~raum / Er lebt in einer anderen ~.
der Himmel	sky	der blaue ~ / die ~s·richtungen
die Sonne, -n	sun	der ~n·aufgang / der ~n·untergang
der Mond, -e	moon	Der ~ scheint. / der ~schein / der Voll~ / der Halb~ / die ~sichel
der Stern, -e	star	der ~en·himmel / das ~bild
der Planet, -en	planet	Venus, Erde, Mars usw. sind ~en.

158 Erdkunde

der Atlas, Atlanten	atlas	die Karten im ~
die Landkarte, -n	map	einen Fluss auf der ~ suchen
der Plan, ¨e	plan	der Stadt~ von München
die Erde	earth	Die ~ dreht sich um die Sonne.
der Erdteil, -e	continent	Afrika ist ein ~.
der Kontinent, -e	continent	die fünf ~e
Europa	Europe	West~ / Ost~ / Deutschland liegt in Mittel~.

159 Meer ▲ 141 Schiffe

das Meer, -e	sea	auf dem ~ / die Welt~e / das Rote ~
der Ozean, -e	ocean	der Atlantische ~ / der Indische ~
die See	sea	die Nord~ / die Ost~
das Wasser	water	das Salz~ / das Hoch~
der Tropfen, -	drop	der Regen~
die Küste, -n	coast	die Nordsee~ / an der ~
der Strand, ¨e	beach	der Sand~ / am ~
baden	bathe, go swimming	~ gehen / im Meer ~ / im Fluss ~

Natur

der Schwimmer	swimmer	der Nicht~ / der Rettungs~ // die Schwimmerin
schwimmen[1]	swim, float	~ können / auf dem Rücken ~ / etw. schwimmt auf dem Wasser
nass	wet	~ werden / die ~e Badehose
feucht	damp	Nach dem Regen war es draußen sehr ~. / ein ~er Lappen
trocken	dry	die ~e Kleidung / bei ~em Wetter / ~es Brot
die Insel, -n	island	die Halb~ / die ~ Rügen
das Festland	mainland	das europäische ~

1 schwimmen: schimmt – schwamm – ist geschwommen

160 See, Fluss ▼ 168 Fische

der See, -n	lake	im ~ baden / der Stau~
die Quelle, -n	source	die ~ des Flusses
der Fluss, ˙-e	river	ein breiter ~ / der Neben~
fließen[1]	flow	Das Wasser fließt langsam.
tief	deep	das ~e Wasser / 3 Meter ~
flach	shallow	das ~e Wasser
der Kanal, ˙-e	canal	der Mittelland~ / der Suez~
das Ufer, -	bank	das Fluss~ / am ~ stehen
die Brücke, -n	bridge	eine ~ über den Rhein / über die ~ gehen

1 fließen: fließt – floss – ist geflossen

161 Gebirge

das Gebirge, -	mountains	das Hoch~ / das Mittel~ / ins ~ fahren
der Berg, -e	mountain	den Urlaub in den ~en verbringen / Die Zugspitze ist der höchste ~ Deutschlands.

Flachland

die Höhe	height, altitude	die ~ des Berges / in 2500 m ~ wandern
das Tal, ⸚er	valley	das tiefe ~ / unten im ~
der Felsen, -	rock	die ~ an der Küste
der Stein, -e	stone	ein Haufen ~e

162 Flachland

▼ 163 Wald

die Natur	nature	in die ~ hinausfahren / das ~schutzgebiet
die Umwelt	environment	der ~schutz
die Umweltverschmutzung	pollution	die ~ bekämpfen
der Smog	smog	die ~gefahr
die Gegend, -en	region, area	die schöne ~
das Land	country(side)	auf dem ~ wohnen / die ~bevölkerung / Dort ist das ~ hügelig.
die Landschaft, -en	countryside	die schöne ~ / die Gebirgs~
das Flachland	plain	das Norddeutsche ~

163 Landwirtschaft

▼ 165 Haustiere

die Landwirtschaft	agriculture	in der ~ arbeiten
der Landwirt, -e	farmer	Mein Großvater war ~.
der Bauer, -n	farmer	Der ~ arbeitet auf dem Feld. / das ~n·haus / der ~n·hof // die Bäuerin
das Feld, -er	field	das Korn~ / das Kartoffel~ / auf dem ~ arbeiten
säen	sow	das Getreide ~ / Blumen ~ / aus~
ernten	harvest	das Getreide ~ / Kartoffeln ~
die Ernte, -n	harvest, crop	die gute ~ / die Getreide~ / die ~zeit
das Getreide	grain, cereals	Das ~ wächst auf dem Feld.
das Korn	corn	das reife ~
der Roggen	rye	das ~mehl / das ~brot
der Weizen	wheat	das ~mehl / das ~brot
der Mais	maize, (sweet) corn	der ~kolben
die Mühle, -n	mill	die alte Wind~ / die Korn~

TEST

Definitionen

1. Die Stelle, an der ein Fluss entsteht: _____ 2. Ein Bauwerk, das einen Fluss überquert: _____ 3. Der Rand des Meeres: _____ _____ 4. Buch mit Landkarten: _____ 5. Erde, Venus, Mars sind _____ 6. Weltmeer: _____ 7. Küste, wo man baden kann: _____ 8. Kleines Land im Wasser: _____ 9. Künstlich angelegter „Fluss": _____ 10. Viele Berge: _____ _____ 11. Roggen, Weizen: _____

Gegensätze

1. nass: _____ 2. flach: _____ 3. Berg: _____
4. säen: _____

Tier

Tiere, Pflanzen

164 Tier

das Tier, -e	animal	das Haus~ / das Säuge~ / der ~arzt
die Schnauze, -n	muzzle, snout	die Hunde~
das Maul, ¨er	mouth	das ~ aufmachen
die Pfote, -n	paw	die Katzen~
das Fell, -e	fur	das dicke ~ / das Bären~
der Schwanz, ¨e	tail	mit dem ~ wedeln / die ~federn der Vögel

165 Haustiere

▲ 17 Fleisch, Geflügel

der Hund, -e	dog	der bissige ~ / die ~e·rasse / der Jagd~
bellen	bark	Der Hund bellt. / wütend ~
beißen¹	bite	Der Hund beißt. / ins Bein ~
die Katze, -n	cat	Die ~ fängt Mäuse. / Die ~ miaut.
das Vieh	cattle	die ~zucht
die Weide, -n	pasture	das ~land / die saftige ~
treiben²	drive	das Vieh auf die Weide ~
das Pferd, -e	horse	das Reit~ / das ~e·rennen
reiten³	ride	~ können / spazieren ~
die Kuh, ¨e	cow	die Milch~ / der ~stall
das Kalb, ¨er	calf	das kleine ~chen
das Schwein, -e	pig	das fette ~ / das ~e·fleisch
das Schaf, -e	sheep	die ~herde
der Hahn, ¨e	cockerel	das ~chen / das Brat~chen
das Huhn, ¨er	chicken	Das ~ legt ein Ei. / die ~er·suppe
die Ente, -n	duck	die Wild~ / die Flug~
die Gans, ¨e	goose	der ~e·braten / die ~e·federn
die Taube, -n	pigeon	die Brief~ / die Friedens~
füttern	feed	die Kühe ~ / den Hund ~

fressen[4]	eat	die Kühe ~ das Heu / einem Tier zu ~ geben
schlachten	slaughter	das Schwein ~ / die Ente ~

1 beißen: beißt – biss – hat gebissen
2 treiben: treibt – trieb – hat getrieben
3 reiten: reitet – ritt – ist geritten
4 fressen: frisst – fraß – hat gefressen

166 Wilde Tiere

▼ 169 Wald

wild	wild	ein ~es Tier
das Wild	game	das ~ im Wald
der Fuchs [fʊks], ¨e	fox	der ~bau / die ~jagd
der Hirsch, -e	stag	ein starker ~ / das ~geweih
das Reh, -e	deer	im Wald ~e sehen
der Hase, -n	hare, rabbit	Der ~ schlägt Haken.
jagen	hunt	das Wild ~ / einen Hirsch ~
der Jäger, -	hunter	~ sein
die Jagd	hunt, hunting	auf die ~ gehen / der ~hund
der Zoo, -s	zoo	in den ~ gehen / die wilden Tiere im ~
das Käfig, -e	cage	ein Tier im ~
der Löwe, -n	lion	Der ~ brüllt.
der Tiger, -	tiger	das ~fell
der Affe, -n	monkey	der Menschen~
der Elefant, -en	elephant	der ~en·rüssel

167 Vögel

der Vogel, ¨	bird	der Zug~ / der Raub~
die Feder, -n	feather	die weißen ~n des Schwans
der Flügel, -	wing	Der Vogel schlägt mit den ~n.
fliegen[1]	fly	die Vögel ~ / weg~
das Nest, -er	nest	das Vogel~

1 fliegen: fliegt – flog – ist geflogen

Vögel

der Spatz, -en	sparrow
der Adler, -	eagle
die Möwe, -n	seagull
der Schwan, ̈-e	swan
der Wellensittich, -e	budgie
der Kanarienvogel, ̈-	canary

168 Sonstige Tiere ▲ 18 Speisefische

das Insekt, -en	insect	die schädlichen ~en
die Fliege, -n	fly	die ~n am Fenster
die Mücke, -n	midge	der ~n·stich (auf der Haut)
die Biene, -n	bee	der ~n·honig
der Käfer, -	beetle	der Mai~ / der Mist~
der Schmetterling, -e	butterfly	ein bunter ~
die Spinne, -n	spider	das ~n·gewebe
die Schnecke, -n	snail	das ~n·haus
die Schlange, -n	snake	die Gift~ / der ~n·biss
der Krebs, -e	crab	einen ~ fangen
der Frosch, ̈-e	frog	Der ~ quakt.
der Fisch, -e	fish	der Fluss~ / der Meeres~
der Fischer, -	fisherman	das ~boot / das ~dorf
der Angler, -	angler	Der ~ sitzt am Ufer.

169 Pflanzen

die Pflanze, -n	plant	die ~n im Garten / die Gemüse~
das Blatt, ̈-er	leaf	ein grünes ~ / ein welkes ~
die Wurzel, -n	root	~n schlagen (= bekommen)
wachsen ['vaksn̩,]¹	grow	langsam ~ / an~
der Strauch, ̈-er	shrub	die ̈-er im Garten / blühende ̈-er
der Busch	bush	
der Baum, ̈-e	tree	der Laub~ / der Nadel~ / der Obst~

Garten, Blumen

der Stamm, ⸚e	trunk	der dicke ~ / der Baum~
der Zweig, -e	twig	einen ~ abbrechen
der Ast	branch	einen ~ absägen

Bäume

die Eiche, -n	oak
die Linde, -n	lime
die Kastanie, -n	chestnut
die Birke, -n	birch
die Tanne, -n	fir
die Kiefer, -n	pine
die Fichte, -n	spruce

das Holz	wood	das Eichen~ / das Brenn~ / Möbel aus ~
der Wald, ⸚er	wood, forest	der Kiefern~ / der ~brand
der Pilz, -e	mushroom, fungus	~e suchen / ein giftiger ~ / essbare ~e

1 wachsen: ich wachse, er wächst – wuchs – ist gewachsen

170 Garten, Blumen ▲ 19 Gemüse ▲ 20 Obst

der Garten, ⸚	garden	der Klein~ / im ~ arbeiten
graben¹	dig	mit dem Spaten ~ / den Garten um~
säen	sow	Blumen ~
pflanzen	plant	einen Baum ~ / ein~
gießen²	water	die Blumen ~
pflücken	pick	Blumen ~ / Äpfel ~ / Beeren ~
der Park, -s	park	in den ~ gehen / die ~bank
die Wiese, -n	meadow	auf der ~
der Rasen, -	lawn	den ~ mähen
das Gras	grass	das grüne ~ / im ~ spielen
das Unkraut, ⸚er	weed	~ vernichten

Tiere, Pflanzen

Test **168**

die Blume, -n	flower	der ~n·strauß / der ~n·topf / die Schnitt~ / ~n schenken
blühen	bloom, blossom	die Blumen ~ / ver~

Blumen

die Rose, -n	rose
die Nelke, -n	carnation
die Tulpe, -n	tulip
die Aster, -n	aster

die Vase ['vaːzə], -n	vase	die Blumen~ / die Blumen in eine ~ stellen
der Strauß, ¨e	bouquet, bunch	der Blumen~ / der Rosen~ / einen ~ schenken
welk	wilted	die Blumen sind ~ ≠ frisch

1 graben: ich grabe, gräbt – grub – hat gegraben
2 gießen: gießt – goss – hat gegossen

TEST

Definitionen

1. Schwein, Schaf usw. sind _____ 2. Hirsch, Reh usw. sind

_____ 3. Spatz, Adler usw. sind _____ 4. Mücken, Bienen usw.

sind _____ 5. Einem Hund zu fressen geben: den Hund _____

6. Ein Schwein töten um das Fleisch zu essen: _____ 7. Auf einem Pferd

sitzen: _____ 8. Die Teile der Pflanze in der Erde: _____

9. Ein großer Garten für die Öffentlichkeit mit Bäumen, Sträuchern, Rasen, Blumen:

_____ 10. Eine Grasfläche im Park oder im Garten: _____

11. Ein schöner Behälter mit Wasser, in den man Schnittblumen stellt:

_____

Ergänzen Sie die Artikel.

1. _____ Katze 2. _____ Ente 3. _____ Käfig 4. _____ Mücke

5. _____ Eiche 6. _____ Vase

171 Zeit

die Zeit, -en	time	~ haben / zur ~ / eine ~ lang / der ~punkt / „Komme um 5 Uhr, um diese ~ bin ich schon zu Hause." / schlimme ~en erleben / Es wird ~, dass wir etwas tun.
ewig	eternal	die ~e Treue / das ~e Leben
immer	always	für ~ / Das war ~ so. / ~ noch / ~ schneller werden
die Dauer	length, duration	die ~ der Reise / die Aufenthalts~
dauern	last, take (time)	Es dauert lange. / Die Ferien ~ 3 Wochen.
lange	long, (for) a long time	~ warten / eine ~ Zeit / Sie ist noch ~ nicht so weit.
die Stunde, -n	hour	eine ~ / eine halbe ~ / fünf ~en lang
die Viertelstunde, -n	quarter of an hour	eine ~ warten
die Minute, -n	minute	ein paar ~n später
die Sekunde, -n	second	Das Erdbeben dauerte einige ~n.
kurz	short	~e Zeit später / vor kurzem / ~ vor / ~ nach dem Unfall
der Moment	moment	„Einen ~, bitte!"
der Augenblick	moment	in diesem ~ / im nächsten ~ / jeden ~ / „Einen ~ bitte!"
augenblicklich	immediately	Er war ~ still. / die ~e Situation
Uhr	o'clock	um 3 ~ nachmittags / Es ist jetzt 18 ~.
um	at	~ 7 Uhr morgens / Die Sitzung ist ~ 3 Uhr zu Ende.
die Uhr, -en	clock, watch	auf die ~ sehen / Die ~ geht vor. / Die ~ geht richtig. / die Armband~
spät/später/am spätesten	late/later/latest	„Wie ~ ist es?"
der Termin, -e	date	einen ~ festlegen / einen ~ vereinbaren / einen wichtigen ~ haben

Tag, Woche ▲ 56 Kirchliche Feiertage

der Tag, -e	day	„Guten ~!" / 14 ~e verreisen
tagsüber	in the daytime, during the day	~ bin ich selten zu Hause.
täglich	daily, every day	Der Zug verkehrt ~. / das ~e Brot
die Tageszeit, -en	time of day	zu jeder ~
früh	early	~ aufstehen / ~ morgens / heute ~ / von ~ bis spät
der Morgen	morning	„Guten ~!" / am ~ / die ~stunde / jeden ~
morgens	in the morning	~ zur Arbeit fahren
der Vormittag, -e	morning	am ~ arbeiten
vormittags	in the morning	~ einkaufen gehen
der Mittag	midday	die ~s·zeit / die ~s·pause
mittags	at midday	~ haben wir 1 Stunde Pause.
der Nachmittag, -e	afternoon	am ~ / der späte ~
nachmittags	in the afternoon	~ trinken wir Kaffee.
der Abend, -e	evening	„Guten ~!" / am ~ / jeden ~
abends	in the evening	von morgens bis ~ / ~ in die Oper gehen
spät/später/am spätesten	late/later/latest	von früh bis ~ / Es ist schon ~. / ~ abends / zu ~ kommen / zu ~ / ~ aufstehen
die Nacht, ¨e	night	der ~dienst im Krankenhaus
nachts	at night	~ schlafen
die Mitternacht	midnight	um ~ erst schlafen gehen
der Alltag	daily routine; weekday	der graue ~
werktags	on working days	~ nach Stuttgart fahren
wochentags	in the week	Der Zug verkehrt nur ~.
der Wochentag, -e	weekday	die sieben ~e
das Wochenende	weekend	Am ~ machen wir gerne Ausflüge.

Zeit

Wochentage

der Montag	Monday
der Dienstag	Tuesday
der Mittwoch	Wednesday
der Donnerstag	Thursday
der Freitag	Friday
der Sonnabend	Saturday
der Samstag	Saturday
der Sonntag	Sunday

die Woche, -n	week	der ~n·tag / das ~n·ende
wöchentlich	weekly	Die Zeitschrift erscheint ~.

173 Jahr

das Jahr, -e	year	die ~es·zahl / im nächsten ~ / viele ~e lang / das ~hundert
Silvester	New Year's Eve	die ~feier / das ~feuerwerk
Neujahr	New Year	der ~s·tag
der Monat, -e	month	der ~s·anfang / das ~s·ende / der ~ Mai

Monate

der Januar	January
der Februar	February
der März	March
der April	April
der Mai	May
der Juni	June
der Juli	July
der August	August
der September	September
der Oktober	October
der November	November
der Dezember	December

		Ereignis
der Kalender, -	calendar	der ~ für das neue Jahr / einen ~ kaufen
das Datum, Daten	date	das ~ angeben / das Geburts~
die Jahreszeit, -en	season	die vier ~en
der Frühling	spring	der ~s·anfang / die ~s·luft
das Frühjahr	spring	die ~s·mode
der Sommer	summer	der ~anfang / der Hoch~ / der Spät~
der Herbst	autumn, fall	der ~anfang / ein kühler ~tag
der Winter	winter	der kalte ~

174 Ereignis

▲ 74 Informieren

das Ereignis, -se	event	die neuesten ~se / Das Konzert war ein ~.
sich ereignen	happen, occur	Ein Unfall hat sich ereignet.
vorkommen[1]	happen; seem	So etwas kommt vor. / Das kommt mir merkwürdig vor.
stattfinden[2]	take place	Die Vorstellung findet morgen statt.
geschehen[3]	happen	„Was ist ~?" / Ein Unglück ist ~. / „Das geschieht dir recht!" / „Danke!" „Gern ~."
passieren	happen	Das kann jedem ~. / Hier passiert nie etwas.
das Erlebnis, -se	experience	ein schönes ~
erleben	experience	etw. ~ / ein Abenteuer ~
verbringen[4]	spend	den Urlaub in Spanien ~
die Situation [zitua'tsio:n], -en	situation	in dieser ~ / die ~ richtig erfassen
die Gelegenheit, -en	opportunity, occasion	bei ~ / eine günstige ~ / die ~ haben etw. zu tun

1 vorkommen: kommt vor – kam vor – ist vorgekommen
2 stattfinden: findet statt – fand statt – hat stattgefunden
3 geschehen: geschieht – geschah – ist geschehen
4 verbringen: verbringt – verbrachte – hat verbracht

175 Zeitliche Reihenfolge

Zeit

wann	when	~ kommt er? / Ich weiß nicht, ~ er kommt.
vor	before	~ dem Essen / ~ der Arbeit
bevor	before	~ es Abend wird / ~ wir anfangen
vorher	beforehand	jdm. ~ etw. sagen / etw. ~sehen
der Anfang	beginning, start	Den ~ des Films habe ich verpasst. / Am ~ hatte ich Schwierigkeiten. / Sie ist ~ dreißig. / ~ Januar / von ~ an
anfangen¹	start, begin	Wir können jetzt mit dem Essen ~. / Der Film fängt um 19.30 Uhr an.
beginnen²	begin	mit der Vorführung ~ / Das Konzert beginnt um 20 Uhr.
anfangs	at the beginning/start	~ gab es einige Schwierigkeiten.
zuerst	at first	~ da sein / ~ fühlte sie sich gar nicht wohl.
entstehen³	arise; be incurred; be built	Zweifel ~ / Unkosten ~ nicht. / Hier entsteht ein neues Bürogebäude.
während	during; while	~ der Arbeit / ~ wir arbeiteten / Er ging, ~ sie blieb.
gleichzeitig	simultaneously	Musik hören und ~ arbeiten
inzwischen	meanwhile	Es ist ~ angekommen. / „Ich rufe Sie dann auf. Bitte nehmen Sie ~ im Wartezimmer Platz!"
nun	now	von ~ an / ~ war sie zufrieden. / Das war ~ mal so.
als	when	~ sie kamen / gerade ~ es anfing
sobald	as soon as	~ ich Zeit habe / ~ wie möglich
plötzlich	suddenly	~ geschah ein Unfall. / der ~e Tod
gleich	straightaway, at once	„Ich komme ~." / Der Zug fährt ~ ab.
sofort	immediately, at once	~ kommen / ~ helfen / Ab ~ gelten die neuen Preise.
allmählich	gradually	sich ~ wieder beruhigen
kaum	hardly, barely	sie war ~ da, als ... / Wir haben es ~ geschafft.

Zeitliche Reihenfolge

schon	already	Sie ist ~ da. / ~ wieder? / ~ am Morgen / Es wird ~ gehen.
bald	soon	~ fertig sein / ~ weggehen / so ~ wie möglich / „Auf Wiedersehen, bis ~!"
dann	then	~ geschah das Unglück.
darauf	after that, then	~ gingen alle weg. / unmittelbar ~
folgen	follow	„Es ~ die Nachrichten." / am ~den Tag
danach	afterwards, after that	~ war alles still.
nachher	afterwards, after that	Sie kommen ~ wieder.
nachdem	after	~ ich fort war
endlich	at last	~ Ferien! / „Fang ~ an!"
schließlich	finally	sich ~ doch für etw. entscheiden
zuletzt	finally	~ bekannte er die Wahrheit. / Die leichten Sachen laden wir ~ in den Kofferraum. / Bis ~ blieb sie bei ihrer Behauptung.
solange	as/so long as	~ warten, bis alle da sind
bis	until, till	~ heute / ~her / ~ jetzt / ~ alle kamen
bisher	up to now	~ lief alles gut.
aufhören	stop	zu spielen ~ / mit der Arbeit ~
der Schluss	end, finish	zum ~ / jetzt ist ~ / Am Freitag machen viele Büros früher ~.
das Ende	end	das ~ des Films / am ~ der Straße / ein Termin ~ nächster Woche / Er ist ~ sechzig. / zu ~ sein
enden	finish, stop, end	die Arbeit be~
vorläufig	temporary, provisional	ein ~er Bescheid / „Behalte das ~."
endgültig	final, conclusive	Das Problem ist ~ gelöst.
aus sein[4]	be over/finished	Das Kino ist um 22 Uhr ~. / Das Spiel ist ~.
hinterher	afterwards	~ gingen wir noch etwas trinken.

1 anfangen: ich fange an, er fängt an – fing an – hat angefangen
2 beginnen: beginnt – begann – hat begonnen
3 entstehen: entsteht – entstand – ist entstanden
4 aus sein: ist aus – war aus – ist aus gewesen

176 Häufigkeit

Zeit

immer	always	~ wieder / ~ mehr / ~zu
wenn	when	Immer ~ ich Zeit dazu habe ...
dauernd	continually	jdn. ~ unterbrechen
häufig	often	Das passiert ~. / ~ krank sein
meistens	usually, mostly	Er ist ~ der Letzte.
oft/öfter	often	oftmals / so ~ wie möglich / Das passiert öfter.
manchmal	sometimes	Er kommt mich ~ besuchen.
ab und zu	now and then	~ im Restaurant essen
pro	per	~ Woche / ~ Tag / ~ Person
jeweils	regularly	Der Kurs findet ~ dienstags statt.
jedesmal	every time	Es gab ~ Kaffee und Kuchen. / „Es ist doch ~ dasselbe!"
gewöhnlich	normally, usually	~ um 22 Uhr ins Bett gehen
gleichfalls	also, likewise	Er ist ~ betroffen.
wieder	again	~ einmal / nie ~ / schon ~ / immer ~ / Es geht ihr ~ gut. / ~kommen / ~sehen
einmal	once	auf ~ / noch ~ / nur ~
selten	rarely, seldom	Man sieht ihn ~.
nie	never	~ mehr / ~ wieder / ~ zu Hause sein / Das schafft er ~ in dieser Zeit.
niemals	never	etw. ~ vergessen können

177 Vergangenheit

die Vergangenheit	past	in der ~
die Geschichte	history	~ studieren / die ~ unserer Stadt
gründen	found	Diese Stadt wurde vor 750 Jahren gegründet.
die Tradition, -en	tradition	die ~ pflegen / Das ist bei uns ~.
die Kultur	civilisation	die ~geschichte / eine fremde ~
das Gedächtnis	memory	ein gutes ~ haben / etw. im ~ behalten
vergessen¹	forget	etw. ~ / eine Verabredung ~
behalten²	remember	den Namen ~ / die Vokabeln ~
(sich) merken	note, remember	sich jede Einzelheit ~

Gegenwart

(jdn./sich) erinnern	remember	sich an etw. ~ / „Kannst du dich ~ ?" / „Diese Musik erinnert mich an dich." / „Erinnere mich bitte nochmal daran."
die Erinnerung, -en	memory	die ~ an einen schönen Abend
früher/früher~	in the past	~ war alles anders. / in ~er Zeit
damals	then, at that time	Wir waren ~ Schulfreunde.
kürzlich	recently	~ war ich in Köln. / erst ~ wieder
neulich	recently, the other day	Ich habe sie ~ getroffen.
gestern	yesterday	~ Abend / ~ Morgen
vorgestern	the day before yesterday	Das war ~. / Ich habe sie ~ angerufen.
gestrig	of yesterday, yesterday's	unser ~es Gespräch / die ~e Zeitung
vorhin	a short time ago	~ waren sie noch da.
eben	just	Sie sind ~ weggegangen.
vorig	last	~e Woche
vor	ago	~ 5 Minuten / ~ 20 Jahren
seit	since	~ gestern / ~ damals / ~ 20 Jahren / ~ ich weg bin

Zeit

1 vergessen: ich vergesse, er vergisst – vergaß – hat vergessen
2 behalten: ich behalte, er behält – behielt – hat behalten

178 Gegenwart

die Gegenwart	present	nur in der ~ leben / in ~ seines Vaters
jetzt	now	bis ~ / von ~ an / ~ fangen wir an. / ~ kommt er schon zum dritten Mal. / ~ sind die Zeiten anders.
heute	today	~ Abend / ~ früh / bis ~ / ~ in acht Tagen / ~ ist Deutschland nicht mehr geteilt.
aktuell	topical, current	ein ~es Thema / ein ~er Bericht

Zeit | Zukunft

modern	modern	die ~e Kleidung / eine ~e Wohnung / ~e Musik / ein ~er Mensch ≠ un~
heutig	of today, today's	die ~e Jugend / der ~e Stand der Dinge

179 Zukunft ▲ 57 Wollen

die Zukunft	future	in ~ / Die ~s·aussichten sind gut.
morgen	tomorrow	~ früh / ~ Abend / bis ~ / heute Morgen
übermorgen	the day after tomorrow	„Wir sehen uns ~?"
die Hoffnung, -en	hope	Ich habe die ~, dass … / die ~ aufgeben
hoffen	hope	das Beste ~ / auf bessere Zeiten ~ / wir ~, dass …
hoffentlich	hopefully	~ kommt sie bald zurück.
voraus	advance	Herzlichen Dank im Voraus. / jdm. ~ sein
plötzlich	suddenly	~ geschah es. / ein ~er Knall
zufällig	by chance	~ vorbeikommen / etw. ~ bemerken
die Überraschung, -en	surprise	Eine schöne ~! / die Weihnachts~
überraschen	surprise	jdn. mit einem Geschenk ~ / von etw. überrascht werden / Dieses Verhalten hat mich überrascht.
versprechen[1]	promise	jdm. etw. ~ / „Ich kann es Ihnen ~."
die Verabredung, -en	appointment, date	eine ~ haben
warten	wait	auf jdn. ~ / lange ~ / auf etw. ~
erwarten	expect	ein Kind ~ / etw. anderes ~ / einen Anruf ~
die Geduld	patience	keine ~ mehr haben / die ~ verlieren
geduldig	patient	~ warten / ≠ un~
pünktlich	punctual; on time	~ kommen / ≠ un~
rechtzeitig	in time	~ kommen / ~ abfahren

[1] versprechen: ich verspreche, er verspricht – versprach – hat versprochen

TEST

Ordnen Sie die folgenden Wörter nach der Länge der Zeit.

(Stunde, Woche, Minute, Jahrhundert, Monat, Jahr, Sekunde, Tag)

1. _____ 2. _____ 3. _____

4. _____ 5. _____ 6. _____

7. _____ 8. _____

Ordnen Sie die Tageszeiten von früh bis spät.

Nacht, Mittag, Nachmittag, Vormittag, Morgen, Abend.

1. _____ 2. _____ 3. _____

4. _____ 5. _____ 6. _____

Definitionen

1. 60 Minuten: _____ 2. 7 Tage: _____

3. 365 Tage: _____ 4. Der erste Tag im Jahr: _____

5. Der letzte Tag im Jahr: _____ 6. Die Fähigkeit des Menschen, sich an vergangene Ereignisse zu erinnern: _____ 7. Die Fähigkeit des Menschen, ruhig warten zu können: _____ 8. Die vier Jahreszeiten: _____, _____, _____, _____

180 Raum

der Raum, ⸚e	room, space	der Welt~
die Linie, -n	line	eine gerade ~ ziehen
gerade	straight	die ~ Linie / ein ~er Strich
krumm	bent, curved	der ~e Ast
schief	crooked, sloping	Das Bild hängt ~. / die ~e Ebene
die Fläche, -n	surface	eine ~ von 1000 Quadratmetern
das Dreieck, -e	triangle	das spitze ~
die Seite, -n	side	die rechte ~ / die Vorder~ / die Rück~ / zur ~ gehen
der Winkel, -	angle	der spitze ~ / der rechte ~ / der stumpfe ~
der Kreis, -e	circle	der Durchmesser des ~es / der Halb~
die Mitte	middle	die ~ des Kreises / die Stadt~
das Zentrum, Zentren	centre	im ~ stehen
rund	round	kreis~ / kugel~ / ein ~er Tisch
die Kugel, -n	sphere	die Erd~
groß	big, large, great	sehr ~ / zu ~ / ein ~es Haus / Das Kind ist ~. / ein ~er Meister
die Größe, -n	height	die ~ des Zimmers / die Schuh~ / seine ~: 190 cm
(sich) vergrößern	enlarge, increase	das Foto ~ lassen / das Geschäft ~ / die Chancen ~ / das Risiko ~
klein	small, little	ein ~es Kind / ein ~er Hund / Unsere Kinder sind noch ~. / Ware mit ~en Fehlern
hoch	high, tall	ein hoher Baum / Der Turm ist ~.
niedrig	low	die ~en Sträucher
spitz	pointed	der ~e Winkel / die ~e Nadel
schmal	narrow	ein ~er Weg
eng	narrow	eine ~e Straße
breit	wide, broad	eine ~e Straße / Der Fluss ist 10 Meter ~.

die Breite	width, breadth	die ~ des Flusses
dünn	thin	ein ~es Heft
dick	fat, thick	ein ~es Buch / Die Wand ist 40 cm ~.

181 Standort ▲ 41 Tür

die Stelle, -n	place	die Text~ / an dieser ~ / An welche ~ muss ich mich damit wenden? / An deiner ~ hätte ich das Gleiche getan.
die Lage	location, situation	ein Büro in guter ~
sich befinden¹	be (located/situated)	sich im Ausland ~ / sich im Lager ~
wo	where	„~ ist sie?" / Ich weiß nicht, ~ sie ist.
wohin	where to	„~ gehst du?" / Ich weiß nicht, ~ du gehst.
woher	where from	„~ kommst du?" / Sie sagt mir nicht, ~ dieses Buch kommt. / „~ weißt du das?"
hier	here	~ sein / von ~ aus / ~her / ~ meldete er sich zu Wort. / „~ ein paar Beispiele!"
da	there	~ ist sie. / ~ hinten / „Sei um 8 Uhr ~."
dort	there	~ hinten / ~ drüben / von ~ aus
dabei	present	~ sein / ~bleiben
überall	everywhere	Diese Zeitung kann man ~ kaufen.
nirgends	nowhere	Ich kann sie ~ finden.
vor	in front of, outside	~ der Tür warten / ~s Haus gehen
vorn	at the front	~ stehen / nach ~ gehen / von ~ anfangen
vorder-	front	die ~en Reihen
hinter/hinter-	behind; back	~ dem Fenster / ~ der Tür / die ~en Reihen / die ~sten Reihen
hinten	at the back	~ stehen / ~ sitzen
folgen	follow	jdm. ~ / dem Fremdenführer ~ / „Beachten Sie ~de Punkte: ..."
zwischen	between, among	~ den beiden sitzen

Raum

Raum

mitten	in the middle	~ in der Stadt wohnen
gegenüber	opposite	~ dem Bahnhof / das Haus ~ / sich jdm. ~ gut verhalten / ~ früher ist er heute sehr freundlich.
drüben	over there	dort ~ / ~ auf der anderen Seite
neben	next to	~ der Kirche / ~einander sitzen
bei	near, by	~ mir / ~ den anderen stehen
an	to, at	~s Fenster gehen / ~ der Wand stehen
auf	on	~ dem Tisch liegen / ~ der Straße
über	over, above	~ den Wolken / ~ die Straße gehen
unter	under; lower	~ dem Tisch / ~ Wasser / die ~en Stockwerke
in	in	~ dem Zimmer / ~ der Wohnung / ~ der Lage sein
innen	inside	etw. von ~ betrachten
innerhalb	inside	~ der Stadt / ~ des Saales
draußen	outside	~ vor der Tür / ~ stehen
außen	outside	von ~ nach innen / Von ~ sieht das Haus gut aus.
außerhalb	outside	~ des Hauses / ~ Deutschlands

1 sich befinden: befindet sich – befand sich – hat sich befunden

182 Suchen, finden, zeigen

verlieren[1]	lose	den Regenschirm ~ / den Mut ~ / seine Arbeit ~
der Verlust, -e	loss	einen ~ erleiden / einen ~ beim Fundamt melden
verstecken	hide	etw. ~ / sich hinter der Wand ~
suchen	look for	nach etw. ~ / jdn. ~ / die Brille ~ / Hilfe ~
finden[2]	find	die Brille ~ / etw. wieder~ / eine Wohnung ~ / Arbeit ~
entdecken	discover	im vollen Café noch einen leeren Tisch ~

das Fundbüro, -s	lost property office	aufs ~ gehen / im ~ nachfragen
zeigen	show	jdm. etw. ~ / jdm. den Weg ~ / Sie zeigte mir, wie die Fernbedienung funktioniert. / Unsere Erfahrungen ~, dass ...
das Zeichen, -	sign	ein ~ geben / Die verwendeten ~ sind vorne im Buch erklärt. / „Nehmen Sie das als ~ meines Dankes."
dies-	this	~er Mann / ~e Frau / ~es Auto
dies, das	this, that	~ interessiert mich. / ~ hier

1 verlieren: verliert – verlor – hat verloren
2 finden: findet – fand – hat gefunden

183 Entfernung

▼ 190 Messen

von	from	~ Berlin abfahren
nach	to	~ Paris fahren
die Entfernung, -en	distance	in einer ~ von 4 Metern
die Strecke, -n	way, distance	eine weite ~ / die ~ zwischen Köln und Bonn zurücklegen
die Länge	length	die ~ der Strecke / die ~ des Weges
lang	long	ein ~er Weg / ~e Haare haben
weit	far, a long way	~ fahren / von ~em / nicht ~ von hier
fern	distant; a long way away	von ~e / ein ~es Land / in ~er Zukunft
entfernt	away, distant	weit ~ / 10 Kilometer ~ von hier
nah(e)/näher/nächst~	near	~ sein / von ~ und fern
die Nähe	vicinity, proximity	in der ~ des Bahnhofs
nebenan	next-door	das Haus ~
kurz	short	ein ~er Weg / ein ~es Stück
dicht	close	~ neben dem Rathaus

184 Bewegung ▲ 136 Verkehr

die Bewegung, -en	movement	in ~ sein / ~ brauchen
sich bewegen	move	sich an der frischen Luft ~ / sich fort~
weg	away	~laufen / „Geh ~!"
fort	away, off	~gehen / ~laufen / ~ sein / sich ~entwickeln
los	off; away	„Jetzt geht es ~!" / „Los! Geh schon!" / Was ist ~? / ~fahren / ~lassen /
losgehen[1]	set off	Wir können jetzt ~.
abfahren[2]	depart, leave	Wir werden gleich ~.
unterwegs	on the road	~ sein / Wir waren drei Stunden ~.
hin	away from me/here	~ab / ~auf / ~aus / ~kommen / hier~ / dort~
her	towards me/here	~kommen / ~ zu mir / von früher ~ kennen / „Herein!" / hier~
die Rückkehr	return	bei seiner ~
kommen[3]	come	zurück~ / wieder~ / her~ / an~
die Ankunft	arrival	Nach seiner ~ rief er mich gleich an.
ankommen[3]	arrive	zu Hause ~ / pünktlich ~
bleiben[4]	stay, remain	zu Hause ~ / stehen ~

1 losgehen: geht los – ging los – ist losgegangen
2 abfahren: ich fahre ab, er fährt ab – fuhr ab – ist abgefahren
3 kommen: kommt – kam – ist gekommen
4 bleiben: bleibt – blieb – ist geblieben

185 Geschwindigkeit

die Geschwindigkeit, -en	speed	die ~ des Autos / die Höchst~
schnell	fast, quick	~ fahren / so ~ wie möglich / Ich muss noch ~ die Blumen gießen.
laufen[1]	run	weg~ / jdm. nach~ / „Lauf so schnell du kannst!" / Er läuft bei den olympischen Spielen.
die Eile	hurry, haste	Ich bin in ~. / Damit hat es keine ~.
überholen	overtake	ein anderes Auto ~
bremsen	brake	scharf ~
langsam	slow	~ fahren / ~er werden / ~ fing sie an zu verstehen, worum es ging.
halt!	stop!	„~! Stehen bleiben!"
anhalten[2]	stop	Das Auto hält an.
stehen bleiben[3]	stop, stand still	an der Seite ~
weiter	further; on	~fahren / ~gehen

1 laufen: ich laufe, er läuft – lief – ist gelaufen
2 anhalten: ich halte an, er hält an – hielt an – hat angehalten
3 stehen bleiben: bleibt stehen – blieb stehen – ist stehen geblieben

186 Richtung

die Richtung, -en	direction	die vier Himmels~en / die ~ ändern / in ~ Berlin fahren
von	from	~ hier / ~ oben / ~ rechts / vom Arzt / ~ zu Hause
aus	from, out of	~ Köln kommen / ~ dem Haus gehen
nach	towards	~ Berlin fahren / ~ Hause kommen
zu	at, to	~ Hause sein / ~m Bahnhof fahren
in	in	~ die Schule gehen / ~s Auto steigen

Richtung

Raum

der Norden	north	Der Wind kommt von ~. / Menschen aus Nord und Süd / Norddeutschland / Nordseite
der Süden	south	in den ~ fahren / Süddeutschland / Südwind
der Osten	east	der Ferne ~ / der Nahe ~ / im ~ / in Ost und West / Osteuropa / Ostwind
der Westen	west	der ~ Deutschlands/ der Dialog zwischen Ost und West / Westeuropa / Westwind
abbiegen[1]	turn off	nach rechts ~ / nach links ~
rechts	on/to the right	~ fahren
links	on/to the left	~ überholen / ~ stehen / nach ~ abbiegen
vorwärts	forwards	~ kommen
rückwärts	backwards	~ fahren
zurück	back	„Einmal Berlin und ~!" / ~kommen / ~fahren
durch	through	~ die Stadt fahren / ~ das Museum gehen / ~ das Fenster sehen
quer	across	~ durch die Stadt
überqueren	cross (over)	die Straße ~ / die Bahngleise ~
gegen	into; against	~ den Zaun fahren / ~über
vorbei	past	~gehen / ~fahren / Komme doch morgen ~!
entlang	along	am Ufer ~gehen / die Straße ~gehen
entgegen, entgegen-	against	~ seiner Überzeugung handeln / ~fahren / jdm. ~kommen
direkt	direct	der ~e Weg / die ~e Verbindung / ~ neben der Kirche / Lieferung ~ ins Haus / eine ~übertragung
um	around, round	~ das Haus gehen
geradeaus	straight on	~ gehen

1 abbiegen: biegt ab – bog ab – ist abgebogen

187 Höhe, Tiefe

steigen[1]	climb	auf den Berg ~ / auf das Dach ~ / Die Temperatur steigt.
die Treppe, -n	stairs, staircase	die ~ hinaufsteigen/ die Treppe hinuntersteigen
die Stufe, -n	step, stair	Achtung, ~!
die Leiter, -n	ladder	die ~ hinaufsteigen / von der ~ fallen
senkrecht	vertical	~ nach oben klettern
steil	steep	die ~e Treppe / ein ~er Abhang
klettern	clamber, climb	auf den Baum ~
aufwärts	up(wards)	Der Fahrstuhl fährt ~. / Nach schlechten Zeiten geht es wieder ~.
oben	up	nach ~ / ~ sein / ~ auf dem Dach / das obere Stockwerk
hoch	high	~ oben / ~ in der Luft / hohe Preise / eine hohe Stimme
waagerecht	horizontal	die Sektflaschen ~ lagern
sinken[2]	sink	zu Boden ~ / Das Schiff ist gesunken.
fallen[3]	fall	auf die Erde ~ / hin~ / ~ lassen / Im Winter fällt Schnee. / Plötzlich fiel die Temperatur.
stürzen	fall	~ und sich verletzen
abwärts	down(wards)	Der Fahrstuhl fährt ~.
unten	down	nach ~ / ~ liegen
der Boden, ¨	ground, floor	auf dem ~ liegen / sich auf den ~ werfen
aufstehen[4]	get up	Er kann nicht mehr ~.
aufheben[5]	pick up	etw. ~, was heruntergefallen ist

1 steigen: steigt – stieg – ist gestiegen
2 sinken: sinkt – sank – ist gesunken
3 fallen: ich falle, er fällt – fiel – ist gefallen
4 aufstehen: steht auf – stand auf – ist aufgestanden
5 aufheben: hebt auf – hob auf – hat aufgehoben

TEST

Die vier Himmelsrichtungen

_____, _____, _____, _____

Gegensätze

1. hoch: _____ 2. breit: _____ 3. hier: _____

4. überall: _____ 5. weit: _____

6. schnell: _____ 7. abfahren: _____

8. rechts: _____ 9. vorwärts: _____

10. oben: _____ 11. innen: _____

12. nah: _____ 13. aufwärts: _____

14. suchen: _____ 15. senkrecht: _____

Menge

die Menge, -n	quantity	in großen ~en liefern / eine ~ Spaß haben
die Masse, -n	mass	die Wasser~n / die Menschen~
das Ganze	the whole thing, everything	das ~ bedenken
die Portion [pɔr'tsio:n], -en	portion	eine ~ Eis
der Teil, -e	part	der größte ~ / der zweite ~ der Sendung / die ~strecke / ~möbliert / ~weise
das Stück, -e	piece	ein ~ Brot / ein ~ Zucker / das Geld~ / das Schmuck~
bestehen[1]	consist of	Das Ganze besteht aus Teilen.
wie viel	how much	~ Geld? / ~ Zeit?
so viel	as/so much	~ wie alle / ~ wie möglich / „~ zu diesem Thema!" / ~ ich weiß, ...
nichts	nothing	~ tun / ~ Neues
die Kleinigkeit, -en	detail, minor point	Das ist nur eine ~.
bisschen	a little	ein ~ mehr / ein ~ Salz / ein ~ länger bleiben
wenig	little	zu ~ Geld haben / nur ~e kamen / die ~en Male, die wir uns sahen / Das hat ~ Sinn. / Das nützt mir ~. / Das ist ~er schön. / ~stens so viel / Du könntest ~stens mal anrufen.
gering	low, small, slight	die ~en Kosten / das ~e Risiko
sammeln	collect	Erfahrungen ~ / Briefmarken ~
hinzufügen	add	etw. ~ / ein weiteres Stück ~
abnehmen[2]	decrease	Die Zahl der Unfälle nimmt ab.
mehr	more	~ arbeiten / immer ~ / ~ haben wollen

Menge

(sich) erhöhen	increase	die Leistung ~ / die Steuern ~ / Die Zahl der Unfälle erhöht sich ständig.
genug	enough	~ Geld / von etw. ~ haben / lang ~ warten
ausreichen	be sufficient	Dafür reichen 5 DM nicht aus. / ~de Kenntnisse / Seine Leistungen sind ~d.
durchschnittlich	average	~e Leistungen / ein ~es Ergebnis / eine Steigerung um ~ 3 %
außerdem	as well, besides	~ noch etwas?
viel/mehr/am meisten	a lot/more/most	~e Leute / ~ Zeit / ~ Geld / ~ arbeiten / Er kann ~es nicht verstehen. / in ~en Fällen / ~ zu ~ / nicht ~ merken
zahlreich	numerous	~e Besucher / ~e Beispiele
zu viel	too much	viel ~ / ~ des Guten
meiste	most (of)	die ~ Zeit / in den ~n Fällen
vollständig	complete	eine ~e Sammlung
gesamt-/Gesamt-	total	die ~e Bevölkerung / die ~zahl / die ~menge
insgesamt	altogether	~ waren 50 Besucher da. / ~ geht es ihm gut.
das Maximum	maximum	ein ~ an Sicherheit
fehlen	be missing/absent	Seine Freunde ~ heute. / Ihm fehlt die Zeit. / Uns fehlt es an Geld.
knapp	short, scarce	Die Zeit ist ~. / In der Wüste ist das Wasser ~.
zu wenig	too little	Das ist ~.
mindestens	at least	~ fünf Tage
höchstens	at the most	~ noch 10 Minuten warten
übrig	left, remaining	Es ist noch Suppe ~. / Die ~en Dinge erledige ich morgen. / ~ bleiben / ~ lassen / die ~e Zeit
der Rest, -e	rest	der ~betrag / die Essens~e
überflüssig	unnecessary	~e Geldausgaben

1 bestehen: besteht – bestand – hat bestanden
2 abnehmen: ich nehme ab, er nimmt ab – nahm ab – hat abgenommen

189 Zahlen

die Zahl, -en	number	die geraden ~en / die ~ der Mitglieder
die Nummer, -n	number	die Zimmer~ / die Telefon~ / die richtige ~ wählen / die Haus~ / die ~ des Autos / die ~ der Zeitschrift
einige	some	vor ~n Stunden / ~ Zeit dauern / Sie packte ~s ein.
einzeln	single	jedes ~e Buch / im Einzelnen / jeder Einzelne / Die Teile des Sets sind auch ~ zu haben.
einzig	sole, only	die ~en Gäste / die ~e Schwierigkeit
ein	a, an; one	~ Mann / ~e Frau / ~er von beiden
beide	both	alle ~ / wir ~ / ~ Hände
das Paar, -e	pair, couple	ein ~ Schuhe / ein junges ~
paar	a few	ein ~ Leute / ein ~ Fragen stellen
doppelt	double	~ so groß / ~ so schnell / „Diese CD habe ich ~."
die Hälfte, -n	half	die ~ des Apfels / eine Statue aus der ersten ~ des 16. Jahrhunderts
halb	half	eine ~e Stunde / ~ voll / ~jährlich / ~ offen / Halbinsel / Halbpension
das Drittel	third	ein ~ aller Schüler
das Viertel	quarter	ein ~ der Einnahmen
zählen	count	von 1 bis 100 ~ / sich ver~ / das Geld

Zahlen

null	nought, nil, zero
eins	one
zwei	two
drei	three
vier	four
fünf	five
sechs [zɛks]	six
sieben	seven
acht	eight
neun	nine
zehn	ten
elf	eleven
zwölf	twelve
dreizehn	thirteen
vierzehn	fourteen
zwanzig	twenty
einundzwanzig	twenty-one
zweiundzwanzig	twenty-two
dreißig	thirty
vierzig	forty
fünfzig	fifty
sechzig	sixty
siebzig	seventy
achtzig	eighty
neunzig	ninety
(ein)hundert	(a/one) hundred
zweihundert	two hundred
zweihundertzehn	two hundred and ten
(ein)tausend	(a/one) thousand
zweitausend	two thousand
eine Million, -en	million
zwei Millionen	two million
eine Milliarde, -n	billion
zwei Milliarden	two billion

die Reihe, -n	series; row	der ~ nach / Wer ist an der ~? / eine ~ von Beispielen / in der letzten ~ sitzen
die Reihenfolge, -n	order	die richtige ~ / die ~ der Sendungen
erste	first	er ist der Erste / als Erster / zum ~n Mal
zweite	second	in der ~n Reihe
andere	other	kein ~r / Das ist etwas ~s.
dritte	third	an ~r Stelle
nächste	next	die ~ Straße / die ~ Haltestelle
letzte	last	die ~n Tage des Urlaubs / ~ Woche / das ~ Mal / der ~ in der Schlange / das ~, was jdm. übrigbleibt
rechnen	calculate, estimate	etw. nach~ / sich ver~ / mit einer Möglichkeit ~
ausrechnen	work out, calculate	den Endpreis ~
betragen[1]	amount to	Die Entfernung beträgt 100 Kilometer.
zusammenzählen	add up	die Zahlen ~ / alles ~
addieren	add	
die Summe, -n	sum, amount	eine große ~ / die Gesamt~
abziehen[2]	deduct, take away/off	etw. von der Summe ~
mal	times	drei ~ drei / ein~ / zwei~ / Sag ~, was heißt das?
das Mal, -e	time	Das nächste ~ rufe ich dich an.
malnehmen[3]	multiply	zwei mit sieben ~
multiplizieren	multiply	
teilen	divide	15 durch 5 ~ / Den Gewinn ~ sie sich. / sich die Arbeit ~
die Mathematik	mathematics	der ~unterricht / ~ studieren

1 betragen: beträgt – betrug – hat betragen
2 abziehen: zieht ab – zog ab – hat abgezogen
3 malnehmen: ich nehme mal, er nimmt mal – nahm mal – hat malgenommen

190 Maße

Menge

messen[1]	measure	die Temperatur ~ / ab~ / aus~ / nach~
das Maß, -e	measurement; amount	die ~e überprüfen / ein hohes ~ an Toleranz / das Längen~ / die ~einheit
genau	exact	die Uhr geht ~ ≠ un~
fast	almost, nearly	~ tausend Zuschauer / ~ alles / ~ wäre es passiert.
ungefähr	about, roughly	Ich musste ~ 20 Minuten warten.
etwa	about, roughly	~ 10 Kilometer / ~ 100 Gramm / Es ist ~ halb eins.
ziemlich	rather, quite	es dauerte ~ / ~ viele / ~ schnell

[1] messen: ich messe, er misst – maß – hat gemessen

Maße

der Kilometer, -	kilometre
der Meter, -	metre
der Zentimeter, -	centimetre
der Millimeter, -	millimetre
der Quadratmeter, -	square metre
der Liter, -	litre
das Kilo(gramm)	kilo(gram)
das Gramm	gram

TEST

Menge

Definitionen

1. Was übrig bleibt: _____ 2. Was nicht mehr benötigt wird, ist _____ 3. Zahlen hintereinander aufsagen: _____ 4. Die Summe feststellen: _____ 5. Ein rechter und ein linker Schuh von gleicher Art: ein _____ Schuhe 6. Die Wissenschaft, die sich mit Zahlen beschäftigt: _____ 7. Meter, Liter, Kilo sind _____

Kreuzworträtsel

1. eine Zahl mit zwei Nullen
2. vier plus vier
3. vier plus fünf
4. fünf plus fünf
5. zwei
6. acht minus fünf
7. neun minus fünf
8. Er ist ganz vorn in der Reihe.

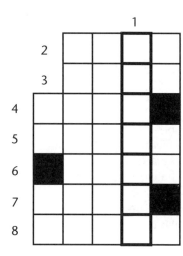

Register Deutsch

(Die Zahlen hinter den Wörtern verweisen auf die Sachgebiete.)

A

ab 176
abbiegen 186
Abend 172
abends 172
Abendbrot 15
aber 64
abfahren 139, 184
Abfahrt 139
abfliegen 140
Abgas 137
abgeben 134
Abgeordneter 161
abhängen 67
abhängig 67
abheben 130
abholen 90, 142
Abitur 113
ablehnen 60
Ablehnung 60
abmachen 59
abmelden 84
abnehmen 28
Abneigung 95
abonnieren 83
Abschied 90
abschleppen 138
abschließen 41, 104
Abschnitt 82
Absender 81
Absicht 57
abstimmen 101
Abteilung 103
abtrocknen 13, 25
abwärts 187

abwaschen 25
abwesend 89
abziehen 189
ach 51
acht 189
achten 62
Achtung 52
achtzig 189
addieren 189
Adler 167
Adresse 81, 84
Affe 166
ähnlich 68
Ähnlichkeit 68
aktiv 115
aktuell 178
Alarm 52
albern 50
Alkohol 22
all- 2
allein 89
aller- 2
allerdings 67
allgemein 69
allmählich 175
Alltag 172
als 68, 175
als ob 76
also 67
alt 85
Alter 85
alternativ 57
Ampel 135
Amt 103
amüsieren 50
an 181
analysieren 61
anbieten 15, 116, 125
Anblick 6
ander- 189
ändern 68

anders 68
Anfang 175
anfangen 117, 175
anfangs 175
anfassen 12
Anführungszeichen 80
angeblich 65
Angebot 125
angehen 62
Angehörige 88, 116
Angeklagter 110
Angelegenheit 1
angenehm 91
Angestellte 116
Angler 168
angreifen 107
Angst 53
ängstlich 53
anhaben 35
anhalten 137, 185
Anhalter 143
ankommen 57, 139, 184
Ankunft 139, 184
Anlage 121
anmachen 124
anmelden 84
Anmeldung 84
annehmen 63, 67, 134
Anordnung 58
anprobieren 37
Anruf 79
anrufen 79
anschaffen 125
anschauen 6
anscheinend 65
Anschrift 81, 84
ansehen 6
an sein 124
Ansehen 98
Ansicht 63
Anspruch 134

anstrengen 118
anstrengend 118
Antrag 103
Antwort 72
antworten 72
anvertrauen 76
Anweisung 58
anwesend 89
Anzeige 109, 125
anziehen 35
Anzug 33
anzünden 27
Apfel 20
Apfelsine 20
Apotheke 32
Apparat 79, 122
Appetit 15
April 173
Arbeit 113, 117
arbeiten 117
Arbeiter 116
Arbeitgeber 116
Arbeitnehmer 116
arbeitslos 116
Arbeitsloser 116
Architekt 46
ärgerlich 95
ärgern 95
Argument 64
arm 133
Arm 12
Armband 38
Ärmel 33
Armut 133
Art 1
artig 91
Artikel 83, 125
Arzt 31
Aschenbecher 27
Ast 169
Aster 170

Asyl 104
Atem 5
Atlas 158
atmen 5
Atom 124
auch 68
auf 181
Aufenthalt 144
auffällig 62
auffordern 58
Aufforderung 58
Aufführung 150
Aufgabe 112
aufgeben 120
aufheben 187
aufhören 175
aufmachen 41
aufmerksam 62
Aufmerksamkeit 62
aufpassen 52
aufräumen 45
aufregen 96
Aufsatz 113
aufschreiben 80
auf sein 41
aufstehen 14, 43, 187
Auftrag 125
aufwachen 14
aufwärts 187
Aufzug 40
Auge 6
Augenblick 171
augenblicklich 171
August 173
aus 175, 186
aus sein 124, 175
ausbilden 115
Ausbildung 115
Ausdruck 70
Ausfahrt 135
Ausflug 143

ausführlich 74
ausfüllen 103
Ausgang 41
ausgeben 132
ausgehen 90, 124
ausgezeichnet 23
Auskunft 72, 103
Ausland 104
Ausländer 104
ausländisch 104
ausmachen 124
Ausnahme 69
auspacken 127
ausrechnen 189
Ausrede 76
ausreichen 188
Ausrufezeichen 80
ausruhen 118
Aussage 109
ausschalten 124
ausschließen 57
außen 181
außer 69
außerdem 188
außerhalb 181
Aussicht 57
aussprechen 71
aussteigen 139
ausstellen 148
Ausstellung 148
aussuchen 125
Ausweis 84
ausziehen 35, 47
Auszubildende 115
Auto 136
Autobahn 135
Autobus 136
Automat 122
automatisch 122
Autor 149
Autorität 98

B

Baby 85
backen 16
Bäckerei 16
Bad 13
baden 13, 159
Badewanne 13
Badezimmer 13
Bahn 139
Bahnhof 139
Bahnsteig 139
bald 175
Balkon 40
Ball 145
Bank 43, 130
bar 129
Bar 26
Bart 9
Batterie 124
Bau 46
Bauch 10
bauen 46
Bauer 163
Baum 169
Baumwolle 37
beachten 62
Beamte 103
beantragen 103
beauftragen 58
bedanken 134
Bedarf 125
bedauern 51, 97
Bedenken 60
bedeuten 70
bedienen 26, 122, 126
Bedienung 26, 122
Bedingung 67
beeilen 118
beeinflussen 58
Beerdigung 86
Befehl 58
befinden 181
befördern 142
befriedigend 113
begegnen 89
begleiten 90
beginnen 117, 175
Begriff 70
begründen 64
Begründung 64
begrüßen 90
Begrüßung 90
behalten 134, 177
behandeln 31
Behandlung 31
behaupten 63
Behauptung 63
behindern 119
Behörde 103
bei 181
beid- 189
Beileid 86
Bein 12
Beispiel 66
beißen 8, 165
Beitrag 131
bekannt 148
Bekannte 89
bekanntgeben 74
Bekanntschaft 89
bekommen 134
beleidigen 96
beliebt 91
bellen 165
bemerken 62
bemühen 118
benachrichtigen 74
Benehmen 91
benehmen 91
beneiden 132
benutzen 122
Benzin 137
beobachten 6
bequem 43
beraten 58
bereit 117
Berg 161
Bericht 74
berichten 74
berücksichtigen 64
Beruf 115
Berufung 111
berufstätig 115
beruhigen 97
berühmt 148
beschädigen 138
beschäftigen 116, 117
Bescheid 77, 103
bescheiden 91
Bescheinigung 103
beschlagnahmen 109
beschließen 57
beschreiben 74
Beschreibung 74
beschuldigen 109
beschweren 96
Besen 45
besetzt 13, 79
besichtigen 143
Besichtigung 143
Besitz 132
besitzen 132
Besitzer 132
besonder-/besonders 75
besorgen 134
Besprechung 78
besser 54
Besserung 31
bestätigen 72
Besteck 25
bestehen 113, 188
bestellen 26, 125

bestimmen 58
bestimmt 76
bestrafen 111
Besuch 89
besuchen 89
beten 56
Beton 46
Betonung 71
betragen 189
Betrieb 121
Betriebsrat 116
betrügen 76
betrunken 22
Bett 14
Bevölkerung 99
bevor 175
bewegen 184
Bewegung 184
Beweis 64
beweisen 64
bewerben 116
Bewerbung 116
Bewohner 47
bewundern 153
bezahlen 129
beziehen 67
Beziehung 93
Bezirk 99
Bibliothek 82
Biene 168
Bier 22
bieten 125
Bild 148
Bildung 112
billig 129
Bindestrich 80
Bindfaden 127
Biologie 112
Birke 169
Birne 20, 124
bis 175

bisher 175
bisschen 188
bitte 134
Bitte 58
bitten 58, 134
bitter 23
blamieren 92
blass 3
Blatt 169
blau 7
Blech 123
bleiben 184
Bleistift 80
Blick 6
blind 6
Blinddarm 11
Blitz 155
blond 9
bloß 73
blühen 170
Blume 170
Bluse 33
Blut 11
bluten 11
Boden 187
Bohne 19
bohren 122
Bombe 106
Bonbon 21
Boot 141
böse 54, 95
Botschaft 104
Brand 48
braten 24
Braten 17
Bratpfanne 24
brauchen 59, 125
braun 7
Braut 87
Bräutigam 87
brechen 30

breit 180
Breite 180
Bremse 137
bremsen 137, 185
brennen 48
Brief 81
Briefkasten 81
Briefmarke 81
Brieftasche 84
Briefträger 81
Briefumschlag 81
Brille 6
bringen 142
Brot 16
Brötchen 16
Brücke 160
Bruder 88
Brust 10
Buch 82
buchen 140
Bücherschrank 82
Buchhandlung 82
Büchse 127
Buchstabe 80
buchstabieren 80
Bügeleisen 36
bügeln 36
Bühne 150
Bundeskanzler 101
Bundesland 99
Bundesregierung 101
Bundesstraße 135
bunt 7
Bürger 99
Bürgermeister 103
Bürgersteig 135
Büro 80
Bürste 36
Bus 136
Busch 169
Butter 16

C

Café 26
Camping 144
Campingplatz 144
Chance 120
Charakter 49
Chef 116
Chemie 112, 123
chemisch 123
chic 37
Club 89
Cola 22
christlich 55
Computer 122
Couch 43
Cousine 88
Creme 32

D

da 181
dabei 181
Dach 40
dafür 59
dagegen 60
daher 64
damals 177
Dame 84
damit 57
danach 175
Dank 134
dankbar 134
danke 134
danken 134
dann 175
darauf 175
Darm 11
Darstellung 74
darum 64
das 2, 182
dasein 89
dass 67
Datum 173
Dauer 171
dauern 171
dauernd 176
Daumen 12
Decke 14, 42
dein 132
Demokratie 100
demokratisch 100
Demonstration 60
denken 61
denn 64
deshalb 64
deswegen 64
deutlich 66, 71
Deutsch 122
Dezember 173
Diamant 38
Diät 28
dicht 183
Dichter 149
dick 28, 180
Dieb 108
Diebstahl 108
dienen 122
Dienst 117
Dienstag 172
dieser 182
Diktat 113
Ding 1
direkt 186
Direktor 116
Diskothek 147
Diskussion 78
diskutieren 78
dividieren 189
doch 73
Doktor 31, 114
Dolmetscher 70
Dom 56
donnern 155
Donnerstag 172
doof 96
Doppelpunkt 80
doppelt 189
Dorf 39
dort 181
Dose 24
Draht 123
Drama 150
draußen 41, 181
drehen 137
drei 189
Dreieck 180
dreißig 189
dreizehn 189
dringend 58
drinnen 41
dritte 189
Drittel 189
drohen 52
Droge 27
Drogerie 32
drüben 181
Druck 82
drucken 82
Drucksache 81
drücken 122
du 2
Duft 5
duften 5
dumm 61
dunkel 7
Dunkelheit 7
dünn 28, 180
durch 186
durcheinander 45
durchfallen 113

Durchsage 151
durchschnittlich 188
dürfen 59
Durst 22
durstig 22
Dusche 13
duschen 13
Düsenjäger 106

E

eben 177
ebenfalls 68
ebenso 68
Ecke 42
edel 54
Edelstein 42
egal 62
Ehe 87
Ehre 98
ehren 98
ehrgeizig 118
ehrlich 76
Ei 17
Eiche 169
Eid 110
Eifersucht 94
eifersüchtig 94
eigen 132
Eigenschaft 49
eigentlich 76
Eigentum 132
Eigentümer 132
Eile 185
ein 189
einander 119
Einbahnstraße 135
Einbrecher 108
Einbruch 108

Eindruck 63
einerseits ...
andererseits 68
einfach 63
Einfahrt 41
Einfall 61
einfallen 61
Einfluss 58
Eingang 41
eingebildet 92
einige 189
einkaufen 126
Einkommen 131
einladen 89
Einladung 89
einmal 176
Einnahme 131
einpacken 127
einrichten 42
eins 189
einsam 89
einschalten 151
einschlafen 14
Einschreiben 81
einsetzen 122
einsteigen 139
einstellen 116, 122
Eintritt 150
einverstanden 59
Einwand 64
Einwohner 99
einzahlen 130
Einzelheit 74
einzeln 189
einzig- 189
einziehen 47
Eis 21, 156
Eisen 123
Eisenbahn 139
Elefant 166
elegant 37

elektrisch 124
Elektro- 124
elf 189
Eltern 88
Empfang 90
Empfänger 81
empfehlen 125
Ende 175
enden 175
endgültig 175
endlich 175
Energie 124
eng 37, 180
Enkel 88
entdecken 182
Ente 165
entfernt 183
Entfernung 183
entgegen 186
enthalten 127
entlang 186
entlassen 116
entscheiden 57
Entscheidung 57
entschließen 57
entschlossen sein 57
Entschluss 57
entschuldigen 97
Entschuldigung 97
entsprechen 68
entstehen 175
enttäuschen 51
entweder ... oder 57
entwickeln 121, 152
er 2
erben 86
Erbse 19
Erdbeere 20
Erde 158
Erdgeschoss 40
Erdkunde 112

Erdteil 158
ereignen 174
Ereignis 174
erfahren 74, 115
Erfahrung 115
erfinden 114
Erfolg 120
erfüllen 134
Ergebnis 120
erhalten 134
erhöhen 188
erholen 31, 118
Erholung 118
erinnern 177
Erinnerung 177
erkälten 30
Erkältung 30
erkennen 6
erklären 66
Erklärung 66
erkundigen 72
erlauben 59
Erlaubnis 59
erleben 174
Erlebnis 174
erledigen 117
ermorden 108
ernähren 15
ernst 51
Ernte 163
ernten 163
eröffnen 126, 130
erreichen 120
erscheinen 63, 82
erschrecken 53
erst 73
erste 189
Erwachsene 85
erwähnen 74
erwarten 179
erzählen 74

Erzählung 149
Erzeugnis 121
erziehen 112
Erziehung 112
es 2
essen 15
Essen 15
Essig 23
Etage 40
etwa 190
etwas 2
euer 132
eure 132
Europa 158
evangelisch 56
eventuell 65
ewig 171
Existenz 2
existieren 2
Explosion 106
Export 125
exportieren 125

F

Fabrik 121
Fach 112
Fachmann 115
Fähre 141
fahren 137
Fahrer 137
Fahrkarte 139
Fahrplan 139
Fahrrad 136
Fahrt 137
fair 111, 146
Fall 109
fallen 187
falsch 64, 113

Familie 88
fangen 145
Farbe 7
farbig 7
Fasching 56
fast 190
faul 115
Februar 173
Feder 167
fegen 45
fehlen 29, 188
Fehler 113
Feier 89
Feierabend 117
feiern 89
Feiertag 56
Feigling 53
fein 23
Feind 95, 107
feindlich 107
Feld 163
Fell 164
Felsen 161
Fenster 41
Ferien 112
fern 183
fernsehen 151
Fernsehen 151
Fernseher 151
fertig 117
fest 75
Fest 89
festhalten 142
Festland 159
feststellen 65
festnehmen 109
fett 17
Fett 17
feucht 159
Feuer 48
Feuerwehr 48

Feuerzeug 27
Fichte 169
Fieber 30
Figur 10
Film 151
finanziell 130
Finanzamt 131
finden 63, 182
Finger 12
Fisch 18, 168
Fischer 168
fit 28
flach 160
Fläche 180
Flachland 162
Flasche 25
Fleck 36
Fleisch 17
Fleischerei 17
fleißig 115
Fliege 168
fliegen 140, 167
fließen 160
Flüchtling 107
Flug 140
Flügel 167
Flughafen 140
Flugzeug 140
Fluss 160
flüstern 71
folgen 175, 181
Folgerung 67
folglich 67
fordern 134
Forelle 18
Form 1
Formular 103
Forschung 114
fort 184
Fortschritt 114
Foto 152

Fotoapparat 152
fotografieren 152
Fracht 142
Frage 72
fragen 72
Fragezeichen 80
Frau 84
frech 92
frei 100
Freiheit 100
freisprechen 111
Freitag 172
Freizeit 145
fremd 90
Fremdsprache 70, 112
fressen 165
Freunde 50
freuen 50
Freund 93
freundlich 91
Freundschaft 93
Frieden 107
Friedhof 86
frieren 44, 156
frisch 156
Friseur 9
froh 50
fröhlich 50
fromm 55
Frosch 168
Frost 156
Frucht 20
früh 172
früher 177
Frühjahr 173
Frühling 173
Frühstück 15
frühstücken 15
Fuchs 166
fühlen 49
führen 116

Führerschein 137
Führung 116, 143
Fundbüro 182
fünf 189
fünfzig 189
funktionieren 122
für 134
furchtbar 53
fürchten 53
Fuß 12
Fußball 146
Fußboden 42
Fußgänger 136
Fußgängerzone 126
füttern 165

G

Gabel 25
Gang 42
Galle 11
Gans 165
ganz 75
Ganze 188
gar 24
Garage 137
Garantie 125
Garderobe 35
Gardine 41
Garten 170
Gas 124
Gast 26, 89
Gasthaus 26
Gebäude 40
geben 134
Gebet 56
Gebiet 99
Gebirge 161
geboren werden 85

gebrauchen 122
Gebrauchsanweisung 122
Gebühr 131
Geburt 85
Geburtstag 84
Gedächtnis 177
Gedanke 61
Gedicht 149
Geduld 179
geduldig 179
geeignet 116
Gefahr 52
gefährlich 52
gefallen 93
gefallen lassen 97
Gefallener 107
Gefängnis 111
Geflügel 17
Gefühl 49
gegen 186
Gegend 162
Gegensatz 68
Gegenstand 1
Gegenteil 68
gegenüber 181
Gegenwart 178
Gegner 146
Gehalt 131
geheim 77
Geheimnis 77
gehen 136
gehorchen 59
gehören 132
Geige 147
Geist 61
geizig 132
gelb 7
Geld 130
Gelegenheit 174
gelingen 120

gelten 84
Gemälde 148
Gemeinde 99
gemeinsam 119
Gemeinschaft 104, 119
Gemüse 19
gemütlich 42
genau 190
genauso 68
Genehmigung 59
genug 188
Gepäck 139
gerade 180
geradeaus 186
Gerät 122
Geräusch 4
gerecht 111
Gerechtigkeit 111
Gericht 110
gering 188
gern 59
Geruch 5
Gerücht 77
gesamt- 188
Geschäft 126
geschehen 174
Geschenk 134
Geschichte 112, 149, 177
Geschirr 25
geschlossen 41
Geschmack 23, 153
Geschwindigkeit 185
Geschwindigkeitsbeschränkung 137
Geschwister 88
Gesellschaft 98, 121
Gesetz 110
Gesicht 3
Gespräch 78
gestehen 109

gestern 177
gesund 28
gestrig 177
Gesundheit 28
Getränk 22
Getreide 163
Gewalt 108
Gewehr 106
Gewerkschaft 116
Gewicht 128
Gewinn 131
gewinnen 145
gewiss 65
Gewissen 54
gewissenhaft 115
Gewitter 155
gewöhnen 49
Gewohnheit 49
gewöhnlich 176
Gewürz 23
gießen 25, 170
Gift 108
Gitarre 147
Glas 25, 41
glatt 122
glauben 55, 63
gleich 68, 175
gleichberechtigt 100
gleichfalls 68, 176
gleichmäßig 68
gleichzeitig 175
Gleis 139
Glied 12
Glocke 56
Glück 50, 145
glücklich 50, 94
Glückwunsch 87
Gold 38
Gott 55
Gottesdienst 56
Grab 86

graben 170
Grad 154
Gramm 128, 190
Gras 170
gratis 129
gratulieren 87
grau 7
Grenze 104
grillen 24
Grippe 30
groß 180
großartig 153
Größe 180
großzügig 132
grün 7
Grund 64
gründen 177
Grundlage 114
Grundriss 46
grundsätzlich 63
Gruppe 119
Gruß 81
grüßen 81
Gulasch 17
gültig 84
günstig 125
Gurke 19
Gürtel 33
gut 54, 113
Gymnasium 112

H

Haar 9
haben 132
Hafen 141
Hahn 165
Hähnchen 17
Haken 122

halb 189
Hälfte 189
Halle 42
hallo 71
Hals 3
halt 185
haltbar 24
halten 142
Haltestelle 139
Hammer 122
Hand 12
Handel 125
handeln 125
Handschuh 34
Handtasche 33
Handtuch 13
Handwerker 115
hängen 122
hart 122
Hase 166
hassen 95
hässlich 153
häufig 176
Haupt- 62
Hauptstadt 99
Haus 40
Hausfrau 45
Haushalt 45
Hausmeister 40
Haut 10
heben 142
Heer 105
Heft 112
heilig 55
Heim 86
Heimat 99
Heimweh 99
heiraten 87
heiß 24
heißen 84
heiter 154

heizen 44
Heizung 44
helfen 119
hell 7
Hemd 33
her 184
Herbst 173
Herd 24
hereinkommen 41
Hering 18
Herr 84
herrlich 153
herrschen 1
herstellen 121
Herz 11
herzlich 91
heute 178
heutig 178
hier 181
Hilfe 52, 119
Himmel 55, 157
hin 184
hindern 119
hinlegen 14
hinsetzen 43
hinten 181
hinter 181
hinterher 175
Hinweis 77
hinzufügen 188
Hirsch 166
Hit 147
Hitze 154
Hobby 145
hoch 180, 187
Hoch 154
Hochschule 114
höchstens 188
Hochzeit 87
Hof 40
hoffen 179

hoffentlich 179
Hoffnung 179
höflich 91
Höhe 161
holen 142
Hölle 55
Holz 169
Honig 16
hören 4
Hörer 79
Hose 33
Hotel 144
hübsch 37, 153
Hubschrauber 140
Huhn 17, 165
Humor 50
Hund 165
hundert 189
Hunger 15
hupen 137
husten 30
Husten 30
Hut 34

I

ich 2
Idee 61
Idiot 96
ihr 2, 132
Illusion 61
Illustrierte 83
immer 171, 176
Import 125
importieren 125
in 181, 186
Industrie 121
Inflation 130
Information 74

informieren 74
Ingenieur 122
Inhaber 132
Inhalt 82
innen 181
inner- 11
innerhalb 181
Insekt 168
Insel 159
insgesamt 188
Institut 114
Instrument 147
intelligent 61
interessant 62
Interesse 62
interessieren 62
international 104
Interview 83
inzwischen 175
irgend- 2
ironisch 96
irren 65
Irrtum

J

ja 73
Jacke 33
Jagd 166
jagen 166
Jäger 166
Jahr 173
Jahreszeit 173
Januar 173
Jazz 147
je 68
Jeans 33
jedenfalls 65
jeder 2

jedesmal 176
jedoch 67
jemand 2
jener 2
jetzt 178
jeweils 176
Job 117
Jogging 146
Johannisbeere 20
Journalist 83
Jugend 85
Jugendliche 85
Juli 173
jung 85
Junge 85
Junggeselle 87
Juni 173
Juwelier 38

K

Kabine 141
Käfer 168
Kaffee 22
Käfig 166
Kaiser 100
Kalb 165
Kalender 173
kalt 44, 156
Kälte 156
Kamera 152
Kamm 9
kämmen 9
Kampf 107
kämpfen 107
Kanal 160
Kanarienvogel 167
Kandidat 102
Kanne 25

Kapitän 141
Kapital 130
Kapitel 82
kaputt 122
Karfreitag 56
Karneval 56
Karotte 19
Karpfen 18
Karte 145
Kartoffel 19
Käse 16
Kaserne 105
Kasse 129
Kassette 147
Kassettenrecorder 147
Kastanie 169
Kasten 127
Katalog 125
Katastrophe 138
katholisch 56
Katze 165
kaufen 126
Kaufhaus 126
kaum 175
kein 73
Keller 40
Kellner 26
kennen 90
kennen lernen 90
Kenntnisse 72
Kern- 124
Kette 38
Kiefer 169
Kilo(gramm) 128, 190
Kilometer 190
Kind 85, 88
Kindergarten 85
Kindheit 85
Kino 151
Kiosk 126
Kirche 56

Kirsche 20
Kissen 43
Kiste 127
klagen 51
Kläger 110
klappen 120
klar 66
Klasse 112
klassisch 147
klatschen 150
Klavier 147
kleben 127
Klebstoff 127
Kleid 33
Keidung 33
klein 180
Kleinigkeit 188
klettern 187
Klima 154
klingeln 41
Klinik 31
klopfen 41
klug 61
knapp 188
Knie 12
Knochen 10
Knopf 33
kochen 24
Kochbuch 24
Kochtopf 24
Koffer 139
Kofferraum 136
Kohl 19
Kohle 124
Kohlensäure 22
Kollege 119
komisch 50
Komma 80
kommen 184
Kommentar 151
kommerziell 125

Kommunikation 74
kompliziert 63
Kompromiss 60
Konfekt 21
Konferenz 78
Konfession 56
Konfitüre 16
Konflikt 96
König 100
konkret 66
Konkurrenz 125
können 115
Konsequenz 67
konservativ 102
Kontakt 93
Kontinent 158
Konto 130
Kontrolle 65
konzentrieren 61
Konzert 147
Kopf 3
Kopfkissen 14
Kopie 80
Korken 25
Korn 163
Körper 10
korrigieren 113
kosten 129
Kosten 129
Kostüm 33
Kotelett 17
Krach 4
Kraft 28
kräftig 28
Kraftwerk 124
Kragen 33
krank 29
Kranker 29
kränken 96
Krankenhaus 31
Krankenkasse 29

Krankenschwester 31
Krankenwagen 31
Krankheit 29
Kraut 19
Krawatte 33
Krebs 168
Kredit 130
Kreis 99, 180
Kreislauf 11
Kreuzung 135
Krieg 107
kriegen 134
Kriegsgefangener 107
Krimi 151
Kriminal- 109
Krise 100
Kritik 61
kritisch 61
krumm 180
Küche 24
Kuchen 16
Kugel 180
Kugelschreiber 80
Kuh 165
kühl 156
Kühlschrank 24
Kultur 177
kümmern 117
Kunde 126
kündigen 116
Kunst 148
Künstler 148
künstlich 123
Kunststoff 123
Kupfer 123
Kurs 112
Kursbuch 139
Kurve 135
kurz 171, 183
kürzlich 177
kurzsichtig 6

Kuss 94
küssen 94
Küste 159

L

lächeln 50
lachen 50
lächerlich 50
laden 106, 142
Laden 126
Ladung 142
Lage 181
Lager 127
Laken 14
Lampe 124
Land 99, 162
landen 140
Landkarte 158
Landschaft 162
Landung 140
Landwirt 163
Landwirtschaft 163
lang 183
lange 171
Länge 183
langsam 115, 185
langweilig 62
Lärm 4
lassen 58, 59
Lastkraftwagen 136
laufen 185
Läufer 146
Laune 49
laut 4
Lautsprecher 15
leben 85
Leben 85
lebendig 85

Lebensgefahr 52
Lebensmittel 15
Leber 11
Leder 34
ledig 87
leer 25
legen 142
Lehre 115
Lehrer 112
Lehrling 115
leicht 63, 128
leid tun 97
leiden 29, 93
Leidenschaft 94
leider 97
leihen 134
leise 4
leisten 115
Leistung 115
leiten 116
Leiter 187
Leitung 124
lernen 112
lesen 82
Leser 82
letzte 189
leugnen 76, 109
Leute 84
liberal 102
Licht 7
lieb 94
Liebe 94
lieben 94
liebenswürdig 91
Liebling 94
Lied 147
liefern 125
Lieferung 125
liegen 14, 142
Linde 169
Linie 180

links 186
Lippe 8
Lippenstift 13
List 76
Liste 103
Liter 190
Literatur 149
loben 91
Loch 37
Löffel 25
logisch 61
Lohn 131
lohnen 120
Lokal 26
Lokomotive 139
los 184
löschen 48
lösen 63
losgehen 184
Lösung 63
Löwe 166
Luft 5, 154
Luftpost 81
Luftwaffe 105
Lüge 76
lügen 76
Lunge 11
Lust 57
lustig 50

M

machen 117
Macht 101
Mädchen 85
Magen 11
mager 28
Mahlzeit 15
Mai 173

Mais 163
Makler 47
mal 189
Mal 189
malen 148
Maler 148
malnehmen 189
man 2
manch 2
manchmal 176
mangelhaft 113
Mann 84
männlich 84
Mannschaft 146
Mantel 34
Märchen 149
Margarine 16
Marine 105
Mark 130
Marke 125
markieren 135
Markt 126
Marmelade 16
März 173
Marzipan 21
Maschine 122
Maß 190
Masse 188
Material 123
Mathematik 112, 189
Matratze 14
Mauer 46
Maul 164
Maximum 188
Mechaniker 122
Medikament 32
Medizin 31
Meer 159
Mehl 16
mehr 188
Mehrheit 101

mein 132
meinen 63
meinetwegen 59
Meinung 63
meiste 188
meistens 176
Meister 115
melden 112
Melodie 147
Menge 188
Mensch 84
menschlich 54
Merkmal 1
merken 77, 177
merkwürdig 62
Messe 56, 125
messen 190
Messer 25
Metall 123
Meter 190
Methode 121
Metzgerei 17
Miete 47
mieten 47
Mieter 47
Mietvertrag 47
Milch 22
Milliarde 189
Millimeter 190
Million 189
Minderheit 101
minderjährig 85
mindestens 188
Mineralwasser 22
Minister 101
Ministerium 101
Minute 171
mischen 7
Misserfolg 120
misslingen 120
Misstrauen 95

Missverständnis 65
missverstehen 65
mit 119
Mitbestimmung 116
Mitglied 102
Mitleid 54
mitnehmen 142
Mittag 172
Mittagessen 14
mittags 172
Mitte 180
mitteilen 74
Mitteilung 74
Mittel 32, 130
mitten 181
Mitternacht 172
Mittwoch 172
Möbel 43
möbliert 43
Mode 37
Modell 121
modern 178
mögen 93
möglich 59, 65
Möglichkeit 57
möglichst 58
Möhre 19
Mohrrübe 19
Moment 171
Monat 173
Mond 157
Montag 172
Moral 54
Mord 108
Mörder 108
morgen 179
Morgen 172
morgens 172
Motor 137
Motorrad 136
Möwe 167

Mücke 168
müde 14, 118
Mühe 118
Mühle 163
Müll 45
multiplizieren 189
Mund 8
mündlich 80
Munition 106
Museum 143
Musik 112, 147
Muskel 10
müssen 59
Mut 53
mutig 53
Mutter 88
Muttersprache 70
Mütze 34

N

nach 183, 186
Nachbar 47
nachdem 175
nachdenken 61
Nachfrage 125
nachher 175
nachlässig 115
Nachmittag 172
nachmittags 172
Nachricht 74
Nachrichten 151
nachschlagen 82
nächste 189
Nacht 172
nachts 172
Nachteil 119
Nachthemd 14
Nachtisch 21

nackt 35
Nagel 12, 122
nah 183
Nähe 183
nähen 37
Nähmaschine 37
Nahrungsmittel 15
Name 84
nämlich 66
Nase 5
nass 159
Natur 162
natürlich 73, 123
Nebel 155
neben 181
nebenan 183
nebenbei 62
neblig 155
Nebensache 62
Neffe 88
negativ 60
nehmen 134
Neid 132
neidisch 132
nein 73
Nelke 170
nennen 84
nervös 96
Nest 167
nett 91
neu 126
Neujahr 173
neugierig 62
neulich 177
neun 189
neunzig 189
nicht 73
nicht wahr 72
Nichte 88
nichts 2, 188
nie 176

Niederlage 107
niedrig 180
niemals 176
niemand 2
niesen 30
nirgends 181
noch 73
Norden 186
normal 69
Not 133
Note 113
nötig 119
Notiz 80
Notruf 52
notwendig 119
November 173
nüchtern 22
Nudel 17
Null 189
Nummer 189
nun 175
nur 73
Nuss 20
nützen 119
nützlich 119

O

ob 72
oben 187
Ober 26
ober 187
Obst 20
obwohl 67
oder 57, 68
Ofen 44
offen 41
öffentlich 98
Öffentlichkeit 98

offiziell 103
Offizier 105
öffnen 41
oft 176
oh 75
ohne 133
Ohr 4
Ohrfeige 96
Oktober 173
Öl 124
Ölsardine 18
Onkel 88
Oper 150
Operation 31
operieren 31
Opposition 101
orange 7
Orchester 147
ordentlich 45
ordnen 45
Ordnung 45
Organ 11
Organisation 116
organisieren 116
Original 80
originell 62
Ort 39
Osten 186
Ostern 56
Ozean 159

P

paar 189
Paar 189
Päckchen 127
packen 127
Paket 127
Panne 138

Panzer 106
Papier 80
Paragraph 110
Parfüm 13
Park 170
parken 137
Parkuhr 137
Parlament 101
Partei 102
Partner 119
Party 89
Pass 84
Passagier 141
passen 37
passieren 174
passiv 115
Patient 31
Pause 118
Pech 51
peinlich 92
Pension 144
perfekt 153
Perle 38
Person 84
persönlich 84
Persönlichkeit 98
Pfarrer 56
Pfeffer 23
Pfeife 27
Pfennig 130
Pferd 165
Pfingsten 56
Pfirsich 20
Pflanze 169
pflanzen 170
Pflaster 32
Pflaume 20
pflegen 31
Pflicht 54
pflücken 170
Pfote 164

Pfund 128
Phantasie 61
Philosoph 61
Physik 112
Picknick 143
Pille 32
Pilot 140
Pilz 169
Pistole 106
Plakat 125
Plan 57, 158
planen 57
Planet 157
Plastik 123
Platte 147
Platz 43, 135
plötzlich 175, 179
Politik 101
Politiker 101
politisch 101
Polizei 109
Polizist 109
Portion 188
positiv 59
Post 81
Postkarte 81
Postleitzahl 81
Praktikant 115
Praktikum 115
praktisch 122
Präsident 100
Praxis 31
Preis 129
preiswert 129
Presse 83
Priester 56
prima 59
privat 84
pro 176
probieren 23
Problem 63

Produkt 121
Produktion 121
produzieren 121
Professor 114
Profi 146
Programm 151
Projekt 57
Prospekt 125
prost 22
Protest 60
protestieren 60
Prozent 130
Prozess 110
prüfen 65, 113
Prüfung 113
pst 71
Psychologie 49
Publikum 150
Pudding 21
Pullover 33
Punkt 80
pünktlich 179
Puppe 145
putzen 45

Q

Qualität 125
Quelle 160
quer 186
Quittung 129

R

rächen 97
Rad 136, 137
Rad fahren 136

Radfahrer 136
Radio 151
Rasen 170
Rasierapparat 9
rasieren 9
Rat 58
raten 77
Rathaus 103
Rätsel 77
Rauch 48
rauchen 27
Raucher 27
Raum 42, 180
reagieren 97
Reaktion 97
realisieren 117
realistisch 61
rechnen 189
Rechnung 129
recht 64
Recht 110
recht- 186
rechts 186
Rechtsanwalt 110
rechtzeitig 179
Rede 71
reden 71
Referat 71
Reform 101
Regal 43
Regel 69
regelmäßig 69
regeln 69
Regen 155
regieren 101
Regierung 101
regnen 155
Reh 166
reich 132
reif 20
Reifen 137

Reihe 189
Reihenfolge 189
rein 36
reinigen 36
Reinigung 36
Reis 19
Reise 143
Reisebüro 143
reisen 143
reiten 165
Reklame 125
Rekord 146
Religion 55, 112
Rente 131
Reparatur 122
reparieren 122
Reporter 83
Republik 100
reservieren 144
Rest 188
Restaurant 25
retten 52
Rettung 52
Revolution 100
Rezept 24, 32
Rezeption 144
Richter 110
richtig 64, 113
Richtung 186
riechen 5
Ring 38
Risiko 52
Rock 33, 147
Roggen 163
roh 24
Rohstoff 123
Rolle 150
Roman 149
Röntgenbild 31
rosa 7
Rose 170

rosten 123
rot 3, 7
Rücken 10
Rückkehr 184
Rücksicht 91
rückwärts 186
rudern 141
rufen 71
Ruhe 4
ruhig 4
rund 180
Rundfahrt 143
Rundfunk 151

S

Sache 1
sachlich 61
Sachverhalt 1
säen 163, 170
Saft 22
sagen 71
Sahne 16
Saison 144
Salat 19
Salbe 32
Salz 23
salzig 23
sammeln 188
Samstag 172
Sänger 147
Sarg 86
satt 15
Satz 70
sauber 36, 45
sauber machen 45
Sauce 17
sauer 23
Schach 145

Schachtel 127
schade 51
schaden 119
Schaden 138
Schaf 165
schaffen 120
Schaffner 139
Schal 34
Schallplatte 147
schalten 122
Schalter 124, 139
Schande 98
scharf 25
Schatten 7
schauen 6
Schaufenster 126
Schauspieler 150
Scheck 130
Scheckkarte 130
scheiden 87
Scheidung 87
Schein 130
scheinen 65, 154
schenken 134
Schere 37
Schi 156
Schicht 117
schick 37
schicken 81
schieben 142
Schiedsrichter 146
schief 180
Schiene 139
schießen 106
Schiff 141
Schild 135
schimpfen 96
Schinken 17
Schirm 155
schlachten 165
Schlaf 14

Schlafanzug 14
schlafen 14
schlagen 96
Schlagzeile 83
schlagfertig 78
Schlange 168
schlank 28
schlecht 54
schließen 41
schließlich 175
schlimm 52
Schloss 41, 100
Schluss 175
Schlüssel 41
schmal 180
schmecken 23
Schmerz 29
Schmetterling 168
schminken 13
Schmuck 38
schmutzig 36, 45
Schnaps 22
Schnauze 164
Schnecke 168
Schnee 156
schneiden 25
schneien 156
schnell 185
Schnitzel 17
Schnupfen 30
Schokolade 21
schon 175
schön 153
Schönheit 153
Schornstein 44
Schrank 43
Schraube 122
Schreck 53
schrecklich 53
schreiben 80
Schreibmaschine 80

Schreibtisch 80
schreien 71
Schrift 80
schriftlich 80
Schriftsteller 149
Schritt 136
Schuh 34
Schuhmacher 34
Schuld 54
Schulden 130
schuldig 111
Schule 112
Schüler 112
Schuljahr 112
Schulter 10
Schuss 106
Schüssel 25
Schutz 52
schützen 52
schwach 28
Schwager 88
Schwägerin 88
Schwan 167
Schwanz 164
schwarz 7
schweigen 71
Schwein 165
schwer 128
schwerhörig 4
Schwester 88
Schwiegermutter 88
Schwiegersohn 88
Schwiegertochter 88
Schwiegervater 88
schwierig 63
Schwierigkeit 63
schwimmen 159
Schwimmer 159
schwitzen 154
schwören 110
sechs 189

sechzig 189
See (die) 159, (der) 160
Seele 55
Seemann 141
Segel 141
sehen 6
Sehenswürdigkeit 143
sehr 75
Seife 13
sein 1, 132
seit 177
Seite 82, 180
Sekretärin 80
Sekt 22
Sekunde 171
selbst 84
selbstständig 115
selbstverständlich 73
Selbstvertrauen 53
selten 69, 176
Semester 114
Semikolon 80
senden 151
Sender 151
Sendung 151
Senf 23
senkrecht 187
September 173
Serie 121
Sessel 43
setzen 43
sicher 52
Sicherheit 52
Sicherheitsgurt 138
sichern 52
sie/Sie 2
sieben 189
siebzig 189
Sieg 107
Sieger 146
Silbe 70

Silber 38
Silvester 173
singen 147
sinken 187
Sinn 61, 66
Situation 174
Sitz 43
sitzen 43
sitzen bleiben 113
Sitzung 101
Ski 156
Smog 162
so 68, 75
sobald 175
Socke 34
so dass 67
sofort 175
sogar 75
Sohn 88
solange 175
solch 75
Soldat 105
sollen 58
Sommer 173
Sonder- 69
sondern 68
Sonnabend 172
Sonne 154, 157
Sonntag 172
sonst 69
Sorge 51
sorgen 51
sorgfältig 115
Soße 17
Souvenir 143
soviel 188
sowohl ... als auch 74
sozial 133
sozialistisch 102
Soziologie 112
spannend 151

sparen 132
Sparkasse 130
sparsam 132
Spaß 50
spät 171, 172
Spatz 167
spazieren gehen 143
Speise-/-speise 15
Speisekarte 26
Spezial- 69
Spiegel 13
Spiel 145, 146
spielen 145
Spielzeug 145
Spinne 168
spitz 180
Sport 112, 146
Sportler 146
sportlich 146
Spott 96
Sprache 70
sprechen 71
Sprechstunde 31
Sprichwort 61
springen 146
Spritze 31
spülen 25, 36
Spur 109
Staat 99
staatlich 99
Staatsangehörigkeit 99
Staatsanwalt 110
Stadion 146
Stadt 39
städtisch 39
Stadtplan 39
Stahl 123
Stamm 169
Standesamt 87
Standpunkt 63
Star 151

stark 28
Start 146
starten 137, 140
Station 139
statt 68
stattfinden 174
Stau 137
Staub 45
staunen 75
Steak 17
Steckdose 124
stecken 41
Stecker 124
stehen 43, 82
stehen bleiben 185
stehlen 108
steigen 187
stcil 187
Stein 161
Stelle 116, 181
stellen 142
Stellung 116
Stellungnahme 66
Stempel 80
sterben 86
Stern 157
Steuer 131
Steuermann 141
Stewardess 140
Stiefel 34
still 4, 71
Stille 4
Stimme 71, 102
stimmen 64
Stimmung 49
Stimmzettel 102
stinken 5
Stirn 3
Stock 40
Stoff 37
stolz 98

stoppen 137
stören 119
strafbar 108
Strafe 111
Strand 159
Straße 135
Straßenbahn 139
Strauch 169
Strauß 170
Strecke 183
Streichholz 27
Streik 116
streiken 116
Streit 96
streiten 96
Stress 118
Strom 124
Strumpf 34
Stück 188
Student 114
studieren 114
Studio 151
Studium 114
Stufe 40, 187
Stuhl 43
stumm 71
stumpf 25
Stunde 112, 171
Sturm 155
stürzen 187
suchen 182
Süden 186
Summe 189
Sünde 54
Supermarkt 126
Suppe 17
süß 23
Sympathie 93
sympathisch 93
System 121

T

Tabak 27
Tablette 32
Tafel 112
Tag 172
Tageszeit 172
tagsüber 172
täglich 172
taktlos 92
Tal 161
tanken 137
Tanker 141
Tankstelle 137
Tanne 169
Tante 88
Tanz 147
tanzen 147
Tapete 42
tapfer 53
Tarif 131, 139
Tasche 33
Taschenbuch 82
Taschentuch 5
Tasse 25
Tat 1
Tätigkeit 117
Tatsache 65
tatsächlich 65
taub 4
Taube 165
tauschen 134
tausend 189
Taxi 136
Team 119
Technik 122
technisch 122
Tee 22
Teil 188
teilen 189
teilnehmen 89

Telefon 79
Telefonbuch 79
telefonieren 79
Telefonzelle 79
Telegramm 81
Teller 25
Temperatur 154
Tennis 146
Teppich 42
Termin 171
Terrasse 40
Testament 86
teuer 129
Teufel 55
Text 82
Theater 150
Theaterstück 150
Thema 82
Ticket 140
tief 160
Tief 155
Tier 164
Tiger 166
Tip 77
Tisch 43
Titel 82, 98
Tochter 88
Tod 86
Toilette 13
tolerant 54
Tomate 19
Topf 24
Tor 146
Torte 16
tot 86
töten 108
Toter 86
Tourist 143
Tradition 177
tragen 142
trainieren 146

Training 146
Träne 51
Transport 142
transportieren 142
Trauer 86
Traum 14
träumen 14
traurig 51
Trauring 87
treffen 90, 106
treiben 146, 165
Trend 37
trennen 61, 90
Treppe 40, 187
treten 136
treu 94
trinken 22
Trinkgeld 26
trocken 159
trocknen 36
Trompete 147
Tropfen 159
trösten 51
trotz 67
trotzdem 67
Tube 127
Tuch 25
tüchtig 115
Tulpe 170
tun 117
Tür 41
turnen 146
Tüte 127
Typ 136
typisch 69

U

übel nehmen 97
über 181
überall 181
Übereinstimmung 68
überfahren 138
Überfall 108
überflüssig 188
überhaupt 73
überholen 137, 185
überlegen 61
übermorgen 179
übernachten 144
übernehmen 116
überqueren 186
überraschen 179
Überraschung 179
überreden 58
Überschrift 82
übersetzen 70
Übersetzung 70
Überstunde 117
Übertragung 151
übertreiben 75
Übertreibung 75
überweisen 130
überzeugen 64
Überzeugung 63
üblich 69
U-Boot 106
übrig 188
übrigens 78
Übung 112
Ufer 160
Uhr 171
um 171, 186
um so 68
um zu 57
Umgangsformen 91
Umgebung 39

Umleitung 135
umsonst 120, 129
Umstand 1
umsteigen 139
umtauschen 130
Umwelt 162
Umweltverschmutzung 162
umziehen 35, 47
Umzug 47
unbedeutend 62
unbedingt 75
und 74
Unfall 138
ungefähr 190
ungenügend 113
ungewöhnlich 69
Unglück 51
unhöflich 92
Uniform 105
Universität 114
unklar 66
Unkraut 170
unmöglich 60
unschuldig 111
unser 132
unten 187
unter 181
unterbrechen 78
unterhalten 78
Unterhaltung 78
Unterkunft 47
Unterricht 112
unterrichten 112
unterscheiden 68
Unterschied 68
unterschiedlich 68
unterschreiben 81
Unterschrift 81
unterstützen 119
untersuchen 31

Untersuchung 31
unterwegs 184
unverschämt 92
unverständlich 66
Urkunde 103
Urlaub 117
Ursache 66
Urteil 111

V

Vase 170
Vater 88
vegetarisch 15
verabreden 90
Verabredung 90, 179
verabschieden 90
verachten 95
verändern 68
Veranstaltung 89
verantwortlich 116
Verantwortung 116
Verband 31
verbessern 120
Verbesserung 120
verbieten 60
verbinden 31, 79
Verbindung 79
Verbot 60
verbrauchen 124
Verbraucher 125
Verbrechen 108
Verbrecher 108
verbringen 174
Verdacht 109
verdienen 131
Verein 146
Verfahren 121
Vergangenheit 177

vergeblich 120
Vergehen 108
vergessen 177
Vergleich 68
vergleichen 68
Vergnügen 50
vergrößern 180
verhaften 109
Verhalten 1
verhalten 1
Verhältnis 93
Verhandlung 78
verheiratet 87
verhindern 60
Verhör 109
verkaufen 126
Verkäufer 126
Verkehr 136
Verkehrsmittel 136
Verkehrsverein 143
Verkehrszeichen 135
verlangen 58, 134
verlängern 84
verlassen 41, 93
Verlegenheit 92
verletzen 30
Verletzung 30
Verletzter 30
verlieben 94
verlieren 145, 182
verloben 87
Verlobung 87
Verlust 182
vermieten 47
Vermittlung 47
Vermögen 132
vermuten 63
Vermutung 63
vernichten 107
Vernunft 61
vernünftig 61, 91

veröffentlichen 82
Verpackung 127
verpassen 139
verreisen 143
verrückt 96
Versammlung 89
verschieden 68
verschlechtern 31
verschreiben 32
verschweigen 77
versetzt werden 113
versichern 138
Versicherung 138
verspäten 139
Verspätung 139
versprechen 179
Verstand 61
Verständnis 66, 93
verstecken 182
verstehen 66, 77, 93
Versuch 114, 120
versuchen 120
verteidigen 107
verteilen 134
Vertrag 104
Vertrauen 93
vertreten 116
Vertreter 125
verursachen 66
Verwaltung 103
verwandt 88
Verwandte 88
verwechseln 65
verwenden 122
verwitwet 86
Verwundeter 107
verzeihen 97
Verzeihung 97
verzollen 104
Verzweiflung 51
Vetter 88

Video 151
Vieh 165
viel 188
vielleicht 65
vier 189
Viertel 189
Viertelstunde 171
vierzehn 189
vierzig 189
Visum 104
Vogel 167
Volk 99
Volkshochschule 112
voll 25
völlig 75
volljährig 85
vollkommen 153
vollständig 188
von 183, 186
vor 175, 177, 181
voraus 179
Voraussetzung 67
vorbei 186
vorbereiten 117
vorder- 181
Vorfahrt 135
vorgestern 177
vorhaben 57
Vorhang 150
vorher 175
vorhin 177
vorig 177
vorkommen 174
vorläufig 175
Vormittag 172
vormittags 172
vorn 181
vornehm 91
Vorschlag 58
vorschlagen 58
Vorschrift 103

Vorsicht 52
vorsichtig 52
vorstellen 61, 90
Vorstellung 61, 150
Vorteil 119
Vortrag 71
Vorurteil 65
Vorwahl 79
Vorwand
vorwärts 186
Vorwurf 96
vorziehen 57

W

Waage 128
waagerecht 187
wach 14
wachsen 85, 169
Waffe 106
Wagen 136, 139
wagen 53
Wahl 102
wählen 57
Wähler 102
wahr 72, 76
während 175
Wahrheit 76
wahrscheinlich 65
Währung 130
Wald 169
Wand 42
wandern 143
Wange 3
wann 175
Ware 125
warm 24, 44, 154
Wärme 44
warnen 52

warten 179
Wartezimmer 31
warum 64
was 72
Waschbecken 13
Wäsche 36
waschen 13, 36
Waschmaschine 36
Waschpulver 36
Wasser 13, 159
Wasserhahn 13
WC 13
wechseln 130
Wechselstube 130
wecken 14
Wecker 14
weder ... noch 73
weg 184
Weg 135
wegen 64
weh tun 29
Wehrdienst 105
weiblich 84
weich 14, 24
Weide 165
Weihnachten 56
weil 64
Wein 22
Weinbrand 22
weinen 51
weise
weiß 7
weit 183
weiter 185
Weizen 163
welch 72
welk 170
Wellensittich 167
Welt 157
wenden 58
wenig 188

wenn 67, 176
wer 72
Werbung 125
werden 115
werfen 142, 145
Werk 121, 149
Werkstatt 121
werktags 172
Werkzeug 122
Wert 129
wert-/-wert 129
wesentlich 62
weshalb 64
Westen 186
Wetter 154
Wetterbericht 154
Wettkampf 146
wichtig 62
widerlegen 64
widersprechen 64
Widerstand 60
wie 68, 72
wieder 176
wiederholen 74
Wiederhören 90
Wiedersehen 90
wiegen 128
Wiese 170
wieso 64
wieviel 188
wild 166
Wild 166
Wille 57
willkommen 90
Wind 155
Winkel 180
winken 90
Winter 156, 173
wir 2
wirken 32, 66
wirklich 61

Wirklichkeit 61
Wirkung 66
Wirt 26
Wirtschaft 121
wischen 45
wissen 72, 77, 113
Wissenschaft 114
Witwe 86
Witz 50
wo 181
Woche 172
Wochentag 172
wochentags 172
wöchentlich 172
woher 181
wohin 181
wohl 50, 65
Wohl 50
Wohnblock 40
wohnen 39, 47
Wohnung 42
Wohnwagen 144
Wolke 155
Wolle 37
wollen 57
Wort 70, 78
Wörterbuch 70
Wunde 30
wunderbar 153
wundern 75
Wunsch 134
wünschen 134
Wurst 16
Würstchen 17
Wurzel 169
Wut 96
wütend 96

Z

Zahl 189
zahlen 26, 129
zählen 189
zahlreich 188
Zahn 8
Zahnbürste 13
Zahnpasta 13
Zange 122
Zehe 12
zehn 189
Zeichen 182
zeichnen 148
Zeichnung 148
zeigen 182
Zeile 82
Zeit 171
Zeitschrift 83
Zeitung 83
Zelt 144
Zensur 113
Zentimeter 190
Zentner 128
zentral 39
Zentrum 39, 180
zerstören 107
Zertifikat 113
Zettel 80
Zeuge 110
Zeugnis 113
Ziegel 46
ziehen 142
Ziel 146
zielen 106
ziemlich 190
Zigarette 27
Zigarre 27
Zimmer 42, 144
Zinsen 130
Zitrone 20

zittern 53
zögern 60
Zoll 104
Zoo 166
Zorn 96
zornig 96
zu 57, 186
Zucker 23
zuerst 175
Zufall 66
zufällig 179
zufrieden 50
Zug 139
zugeben 76
Zuhause 42
zuhören 71
Zukunft 179
zuletzt 175
zumachen 41
zunehmen 28
Zuneigung 94
Zunge 8
zurück 186
zusammen 89, 119
Zusammenarbeit 119
zusammenfassen 74
Zusammenfassung 74
Zusammenhang 82
zusammenstoßen 138
zusammenzählen 189
zuschauen 150
Zuschauer 150
zu sein 41
Zustand 1
zustimmen 64
Zustimmung 59
zuverlässig 115
zu viel 188
zu wenig 188
zwanzig 189
zwar 67

Zweck 57, 66
zwei 189
Zweifel 65
zweifeln 65
Zweig 169
zweite 189
Zwiebel 19
zwingen 58
zwischen 181
zwölf 189

A

a few 189
a little 188
a long time 171
a long way 183
a long way away 183
a lot/more/most 188
a pity 51
a short time ago 177
a, an 188
A-level 113
about 190
above 181
abroad 104
absent 89
absolutely 63, 75
accept 134
accident 138
accommodation 47
accompany 90
according to 68
account 130
accusation 96
accuse 109
accused 110
achieve 115, 120
acquaintance 89
acquit 111
across 186
act 1
action 1
active 115
actor 150
actually 66, 76
add 188, 189
add up 189
address 81, 84
adjust 122
administration 103
admire 153

admission 150
admit 76
admittedly 67
adult 85
adult education institute 112
advance 179
advantage 119
advert 125
advertising 125
advice 58
affect 58
affection 94
afford 115
after 175
after that 175
afternoon 172
afterwards 175
again 176
against 60, 186
age 85
ago 177
agree 59
agree with/to 64
agreeable 93
agreed 59
agreement 47, 59, 68, 104
agriculture 163
aim 106
air 5, 154
air force 105
air mail 81
airport 140
alarm 52
alarm(clock) 14
alcohol 22
alive 85
all 2
all right 64
allegedly 65

allow 59
almost 190
alone 89
along 186
already 175
also 68, 176
alternative 57
although 67
altitude 161
altogether 188
always 171, 176
ambitious 118
ambulance 31
ammunition 106
among 181
amount 189, 190
amount to 189
analyse 61
and 74
anger 96
angle 180
angler 168
angry 95, 96
animal 164
annihilate 107
announce 74
announcement 151
annoyed 95
answer 72
anxious 53
any 2
anyone 2
anything 2
apartment 42
apologize 97
apology 97
apparatus 122
apparently 65
appeal 111
appear 63, 65, 82
appendix 11

appetite 15
applaud 150
apple 20
appliance 122
application 103
apply for 103
apply for a job 116
appoint 116
appointment 90, 179
apprentice 115
apprenticeship 115
April 173
architect 46
area 99, 162
argue 96
argument 64, 96
arise 175
arm 12
armchair 43
army 105
around 186
arrange 45
arrange to meet 90
arrest 109
arrival 139, 184
arrive 139, 184
art 148
article 83, 125
artificial 123
artist 148
as ... as possible 58
as 68
as far as I'm concerned 59
as if 76
as long as 175
as much 188
as soon as 175
as well 68, 188
ashtray 27
ask 58, 72, 134

assume 63
aster 170
asylum 104
at 171, 181, 186
at all 73
at any rate 65
at first 175
at last 175
at least 188
at midday 172
at night 172
at once 175
at that time 177
at the back 181
at the beginning/start 175
at the front 181
at the most 188
athletic 146
atlas 158
atom 124
atomic 124
attack 107
attempt 120
attention 62
Attention! 52
attentive 62
attorney 110
audience 150
August 173
aunt 88
author 149
authorities 103
authority 98
automatic 122
autumn 173
average 188
aversion 95
awake 14
away 183, 184
away from me/here 184

awful 53

B

baby 85
bachelor 87
back 10, 181, 186
backwards 186
backyard 40
bad 52, 54
bad luck 51
bag 127
baggage 139
bake 16
baker's 16
bakery 16
balcony 40
ball 145
ball pen 80
ballot-paper 102
ban 60
bandage 31
bank 130, 160
bar 26
barely 175
bark 165
barracks 105
basically 63
basis 114
bath 13
bathe 13, 159
bathroom 13
battery 124
battle 107
be 1, 41, 82
be able to 115
be absent 188
be afraid 53
be allowed to 59

be annoyed/angry 95	beard 9	black 7
be astonished 75	beautiful 153	black currant 20
be born 85	beauty 153	blackboard
be built 175	because 64	blame 54
be called 84	because of 64	blanket 14
be closed 41	become 115	bleed 11, 30
be correct 64	bed 14	blind 6
be determined 57	bedclothes 36	block of (rented)
be effective 66	bee 168	flats/apartments 40,
be in charge of 116	beer 22	47
be incurred 175	beetle 168	blond 9
be late 139	before 175	blood 11
be located 181	beforehand 175	bloom 170
be missing 188	begin 117, 175	blossom 170
be mistaken 65	beginning 175	blouse 33
be off 124	behave 1, 91	blue 7
be on 124	behaviour 1, 91	blue-collar worker 116
be on fire 48	behind 181	blunt 25
be on strike 116	believe 55, 63	blush 3
be open 41	bell 56	board 112
be over 175	belong (to) 132	boat 141
be pleased 50	belt 33	body 10
be present 89	bench 43	boil 24
be quiet 71	bend 135	bold 53
be right to 116	bent 180	bomb 106
be shut 41	beside the point 62	bone 10
be situated 181	besides 188	book 82, 140, 144
be sorry 97	between 181	bookcase 82
be sufficient 188	bicycle 136	bookshop 82
be suited to 116	big 180	bookstore 82
be surpised 75	bill 129	boot 34, 136
be tiring 118	billfold 84	border 104
be true 64	billion 189	boring 62
be unsuccessful 120	biology 112	borrow 134
be useful 119	birch 169	boss 116
be valid 84	bird 167	both 189
be worth 129	biro 80	bottle 25
be worth it 120	birth 85	bouquet 170
be wrong 29	birthday 84	bowl 25
beach 159	bite 165	box 127
bean 19	bitter 23	box on the ears 96

boy   85
bracelet   38
brake   137, 185
branch   169
brand   125
brandy   22
brave   53
bread   16
breadth   180
break   30, 118
breakdown   138
breakfast   15
breast   10
breath   5
breathe   5
brick   46
bride   87
bridegroom   87
bridge   160
bring   142
broad   180
broadcast   151
brochure   125
broken   122
broom   45
broth   17
brother   88
brother-in-law   88
brothers and sisters   88
brown   7
brush   36, 45
budgie   167
build   46
building   40, 46
bulb   124
bunch   170
bureau de change   130
burglar   108
burglary   108
burn   48
bus   136

bush   169
busy   79
but   64, 68, 73
butcher's   17
butter   16
butterfly   168
button   33
buy   125, 126, 134
by   181
by chance   179
by the way   78

C

cabbage   19
cabin   141
cable   124
café   26
cage   166
cake   16
calculate   189
calendar   173
calf   165
call   71, 79
call on s.o.   58
calm   4
calm down   97
camera   152
camp(ing)-site   144
camping   144
can   24, 127
canal   160
canary   167
candidate   102
candy   21
cap   34
capable   115
capital   99, 130
captain   141

car   136, 139
caravan   144
carbonic acid   22
card   145
care   52, 118
care for   31
careful   52, 115
careless   115
caretaker   40
carnation   170
carnival   56
carp   18
carpet   42
carriage   139
carrot   19
carry   142
case   109, 110
cash   129
cash-desk   129
casserole   24
cassette   147
cassette recorder   147
castle   100
cat   165
catalogue   125
catastrophe   138
catch (a) cold   30
catch   145
cathedral   56
catholic   56
cattle   165
cause   66
caution   52
ceiling   42
celebrate   89
celebration   89
cellar   40
cemetry   86
centimetre   190
central   39
centre   39, 180

cereals 163
certain 65
certainty 52, 67
certificate 103, 113
chair 43
champagne 22
chance 66, 120
chancellor 101
change 130, 139
change 35, 68
chapter 82
character 49
characteristic 1, 49
charming 91
cheap 129
cheat 76
check 65, 130
check-out 129
checkroom 35
cheek 3
cheeky 92
cheerful 50
Cheers! 22
cheese 16
chemical 123
chemist's 32
chemistry 112
cheque 130
cheque card 130
cherry 20
chess 145
chest 10
chestnut 169
chic 37
chicken 17, 165
child 85, 88
childhood 85
chimney 44
chocolate 21
choose 57, 125
Christian 55

Christmas 56
church 56
church service 56
cigar 27
cigarette 27
cinema 151
circle 180
circulation 11
circumstance 1
citizen 99
civil servant 103
civilisation 177
claim 63, 134
clamber 187
clap 150
class 112
classes 112
classical 147
clause 70
clean 36, 45
clear 66, 71
clever 61
client 126
climate 154
climb 187
clinic 31
cloakroom 35
clock 171
close 41, 183
closed 41
cloth 25
clothes 33, 35, 36
cloud 155
club 89, 146
clue 109
co-determination 116
coal 124
coast 159
coat 34
cockerel 165
code 79

coffee 22
coffin 86
coke 22
cold 30, 44, 156
collar 33
colleague 119
collect 142, 188
college 114
collide 138
colon 80
colour 7
coloured 7
colourful 7
comb 9
come 184
comfort 51
comfortable 42, 43
comma 80
comment 151
commentary 151
commercial 125
commission 47, 125
communication 74
community 104
company 121
compare 68
comparison 68
competent 115
competition 125, 146
complain 51, 96
complete 103, 188
completely 75
complicated 63
comprehension 66
compromise 60
computer 122
conceal 77
conceited 92
concentrate 61
concern 62
concert 147

concerto 147
conclude 104
conclusion 67
conclusive 175
concrete 46, 66
condition 67
condolences 86
confectionery 21
conference 78
confess (to) 109
confide 77
confidence 93
confirm 72
conflict 96
confuse 65
congratulate 87
congratulation 87
connect 79
connection 79, 93, 139
conscience 54
conscientious 115
consequence 67
conservative 102
consider 61, 64
consideration 91
consist of 188
console 51
conspicuous 62
construction 46
consulting hours 31
consumer 125
contact 93
contain 127
container 127
content 50
contents 82
context 82
continent 158
continually 176
contradict 64
contribution 131

conversation 78
conviction 63
convince 64
cook 24
cookbook 24
cooked 24
cooking pot 24
cool 156
cooperation 119
copper 123
copy 80
corn 163
corner 42
correct 64, 113
correspond to 68
corridor 42
cost 129
cost(s) 129
cotton 37
couch 43
cough 30
count 189
country 99
countryside 162
couple 189
courage 53
courageous 53
court 110
course 112
courtyard 40
cousin 88
cow 165
coward 53
crab 168
craftsman 115
crazy 96
cream 16, 32
credit 130
crime 108, 109
criminal 108
crisis 100

critical 61
criticism 61
crockery 25
crooked 180
crop 163
cross 95
cross (over) 186
crossing 135
crossroads 135
cry 51, 71
cucumber 19
cuisine 24
cunning 76
cup 25
cupboard 43
curious 62
currency 130
current 178
curtain 41, 150
curved 180
cushion 43
customer 26, 126
customs 104
cut 25
cutlery 25
cutlet 17
cyclist 136

D

daily 172
daily routine 172
damage 138
damp 159
dance 147
danger 52
dangerous 52
dare 53
dark 7

darkness 7
darling 94
date 90, 171, 173, 179
daughter 88
daughter-in-law 88
day 172
dead 86
dead person 86
deaf 4
deal 117
deal (with) 117
dear 94
death 86
debts 130
deceive 76
December 173
decide (on) 58
decide 57
decision 57, 103
declare 104
decrease 188
deduct 189
deed 1
deep 160
deer 166
defeat 107
defend 107
definitely 76
degree 154
delay 139
delicate 23
deliver 125
delivery 125
demand 58, 125, 134
democracy 100
democratic 100
demonstration 60
denomination 56
deny 76, 109
depart 139, 140, 184
department 103

department store 126
departure 139
depend 57, 67
dependant 67
depression 155
deputize 116
deputy 101
derision 96
describe 74
description 74
desire 57, 134
desk 80
despair 51
despise 95
despite 67
dessert 21
destroy 107
detail 74, 188
detailed 74
detect 65
detective 109
deteriorate 31
determine 58
develop 121, 152
devil 55
devout 55
diamond 38
dictation 113
dictionary 70
die 86
diet 28
difference 68
different 68
difficult 63
difficulty 63
dig 170
direct 186
direction 186
director 116
dirty 36, 45
disadvantage 119

disappoint 51
disapproval 60
disaster 138
disco 147
discotheque 147
discover 65, 182
discuss 78
discussion 78
dish 15, 25
dishes 25
dislike 95
dispenser 122
disprove 64
distance 183
distant 183
distinct 71
distinguish 68
distinguish between 61
distinguished 91
distribute 134
district 99
disturb 119
diversion 135
divide 189
divorce 87
do 117
do (sport) 146
do gymnastics 146
doctor 31, 114
dog 165
doll 145
done 24
door 41
double 189
doubt 60, 65
down 187
down(wards) 187
drama 150
draw 148
drawing 148
dream 14

dress 31, 33
dressing 31
drill 122
drink 22
drive 137, 165
driver 137
driver's license 137
driveway 41
driving licence 137
drop 159
drug 27
drugstore 32
drunk 22
dry 13, 36, 159
dry up 25
dry-clean 36
dry-cleaner 36
duck 165
dumb 71
duration 171
during 175
during the day 172
dust 45
duty 54, 117
duvet 14

E

each 2
each other 119
eagle 167
ear 4
early 172
earn 131
earth 158
east 186
Easter 56
easy 63
eat 15, 165

economical 132
economy 121
educate 112
education 112
effect 66
efficient 115
effort 118
egg 17
eight 189
eighty 189
either ... or 57
election 102
electric 124
electrical 124
electricity 124
elegant 37, 91
elephant 166
eleven 189
embarrassing 92
embarrassment 92
embassy 104
emergency call/number 52
emotion 49
emperor 100
employ 116
employee 116
employer 116
empty 25
end 175
enemy 95, 107
energy 124
engaged 79
engagement 87
engine 137
engineer 122
enlarge 180
enough 188
enquire 72
enrol 84
enrolment 84

enter 41
enter into 104
entitlement 134
entrance 41
entrust 58, 77
envelope 81
envious 132
environment 162
envy 132
equal 68, 100
equal rights 100
equally 68
equipment 121
error 65
especially 75
essay 113
establish 65
estate agent 47
estimate 189
eternal 171
Europe 158
even 75
evening 172
evenly 68
event 89, 174
every 2
every day 172
every time 176
everything 2, 188
everywhere 181
evidence 64
exact 190
exaggerate 75
exaggeration 75
exam 113
examination 31
examine 31, 113
example 66
excellent 23
except 69
exception 69

exchange 134
excite 96
exciting 151
exclamation mark 80
exclude 57
excuse (o.s.) 97
excuse 76, 97
Excuse me! 97
exercise 112
exercise book 112
exert (o.s.) 118
exhaust (fume) 137
exhibit 148
exhibition 148
exist 1
existence 1
exit 41, 135
expect 179
expensive 129
experience 115, 174
experienced 115
experiment 114
explain 66
explanation 66
explosion 106
export 125
express 71
expression 70
expressway 135
extinguish 48
extraordinary 69
eye 6

F

face 3
fact 65
factory 121
facts 1

faible 28
fail 113, 120
failure 120
fair 111, 125, 146
fairy tale 149
faithful 94
fall 173, 187
fall in love 94
false 64
family 88
famous 148
far 183
fare 139
farewell 90
farmer 163
fashion 37
fast 185
fat 17, 28, 180
fate 66
father 88
father-in-law 88
faucet 13
fault 54
favourable 125
fear 53
feather 167
feature 1
February 173
federal government 101
fee 131
feed (oneself) 15
feed 165
feel 49
feeling 49
female 84
ferry 141
festival 89
fetch 90, 142
fever 30
field 163
fifty 189

fight 107
fighter 106
figure 10
fill in 103
fill up (with petrol) 137
film 151
final 175
finally 175
financial 130
find 63, 153, 182
find out 65, 74
fine 23, 154
finger 12
finish 117, 146, 175
finished 117, 175
finishing time 117
fir 169
fire 48, 116
fire brigade 48
firm 121
firmly 75
first 189
first floor 40
fish 18, 168
fisherman 168
fit 28, 37
five 189
fix 58
flan 16
flash of lightning 155
flat 42
flight 140
flight attendant 140
float 159
floor 42, 187
flour 16
flow 160
flower 170
flu 30
fly 140, 167, 168
fog 155

foggy 155
follow 175, 181
food 15
foot 12
football 146
for 64, 134
for a long time 171
for certain 76
for this reason 64
forbid 60
force 58
forehead 3
foreign 104
foreign language 70
foreigner 104
foreman 115
forest 169
forget 177
forgive 97
fork 25
form 1, 103, 112
fortune 132
forty 189
forwards 186
found 177
foundation 114
four 189
fourteen 189
fox 166
free 100, 129, 129
free time 145
freedom 100
freeze 44, 156
freight 142
fresh 156
Friday 172
fridge 24
friend 89, 93
friendly 91
friendship 93
fright 53

frighten 53
frog 168
from 183, 186
front 181
frost 156
fruit 20
fry 24
frying pan 24
fulfil 134
full (up) 15
full 25
full stop 80
fun 50
function 122
fundamental 62
fundamental(ly) 63
funds 130
funeral 86
fungus 169
funny 50
fur 164
furious 96
furnish (one's home) 42
furnished 43
furniture 43
further 185
future 179

G

gall-bladder 11
game 145, 166
garage 137
garbage 45
garden 170
gas 124, 137
gateau 16
gear 137
general 69

general election 102
generous 132
gentleman 84
geography 112
German 112
get 134
get annoyed 96
get annoyed/angry 95
get changed 35
get engaged 87
get in 139
get mixed up 65
get on (with) 93
get out 139
get to know 90
get up 14, 43, 187
get upset 96
get used (to) 49
get worse 31
girl 85
give (as a present) 134
give 115, 134
give advice 58
give notice (to) 116
give notice of moving 84
give reasons for 64
give up 120
glad 50
glance 6
glass 25, 41
glasses 6
glove 34
glue 127
go 137
go away 143
go for a walk 143
go hiking 143
go on strike 116
go out 90, 124
go red 3

go shopping 126
go swimming 159
go to sleep 14
goal 146
God 55
gold 38
good 91
Good Friday 56
good/better/best 54
goodbye 90
goods 125
goose 165
goulash 17
govern 101
government 101
grade 112, 113
gradually 175
grain 163
gram 128, 190
grammar school 112
grandchild 88
grass 170
grateful 134
grave 86
graveyard 86
gravy 17
great 59, 180
green 7
greet 81, 90
greeting 81, 90
grey 7
grill 24
ground 187
ground floor 40
group 119
grow 85, 169
grumble 96
guarantee 125
guess 77, 89
guesthouse 144
guided tour 143

guilt 54
guilty 111
guitar 147
gun 106

H

habit 49
hair 9
hairdresser 9
half 189
hall 42
hallo 71
ham 17
hammer 122
hamper 119
hand 12
hand in/over 134
handbag 33
handkerchief 5
hang 122
happen 174
happiness 50
happy 50, 94
harbour 141
hard 122
hard of hearing 4
hard-working 115
hardly 175
hare 166
harm 119
harvest 163
haste 185
hat 34
hate 95
have 132
have (s.th. done) 58
have a bath 13
have a conversation 78

have a good time 50
have a rest 118
have a shower 13
have a subscription to 83
have a swim 13
have an appointment 90
have an effect 32, 66
have breakfast 15
have doubts 65
have plans 57
have time for 93
have to 59
he 2
head 3
heading 82, 83
health 28
health insurance company 29
health insurance scheme 29
healthy 28
hear 4
heart 11
heat 44, 154
heating 44
heaven 55
heavy 128
height 161, 180
helicopter 140
hell 55
helmsman 141
help 52, 119
hence 64
her 132
here 181
herring 18
hesitate 60
hide 182
high (pressure area) 154

high   180, 187
hike   143
hinder   119
hint   77
his   132
history   112, 177
hit   96, 106, 147
hitchhiker   143
hobby   145
hold   142
hold-up   108
hole   37
holiday(s)   56, 117
holidays   112
holy   55
home   42, 86, 99
homesickness   99
honest   76
honey   16
honour   98
honourable   54
hook   122
hoot   137
hope   179
hopefully   179
horizontal   187
horse   165
hospital   31
hostile   107
hot   24
hotel   144
hour   171
house   40
household   45
housekeeping   45
housewife   45
how much   188
how …?   72
however   67
human   54
human being   84

humour   50
hundred   189
hundredweight
   (metric)   128
hunger   15
hunt   166
hunter   166
hunting   166
hurry (up)   118
hurry   185
hurt   29, 30, 119
hurt s.o.'s feelings   96
hyphen   80

I

I   2
ice   156
ice(-cream)   21
idea   61
identity card   84
idiot   96
if   67, 72
if possible   58
ill   28
illness   28
illusion   61
imagination   61
imagine   61
immediately   171, 175
impede   119
impertinent   92
implement   117
impolite   92
import   125
important   62
impossible   60
impression   63
improve   120

improvement   31, 120
in   181, 186
in a mess/muddle   45
in agreement   59
in cash   129
in detail   74
in fact   65, 66
in favour   59
in front of   181
in order to   57
in passing   62
in person   84
in the afternoon   172
in the daytime   172
in the evening   172
in the middle   181
in the morning   172
in the past   177
in the week   172
in time   179
in vain   120
in writing   80
incidentally   62
income   131
incomprehensible   66
increase   180, 188
indeed   65
independent   115
industry   121
inflation   130
influence   58
inform   74
information   72, 74, 103
inhabitant   47, 99
inherit   86
injection   31
injure   30
injured person   30
injury   30
inland revenue   131
inn   26

innocent 111
inquisitive 62
insect 168
inside 41, 181
installations 121
instead of 68
institute 114
instruction 58
instructions (for use) 122
instrument 147
insult 96
insurance 138
insure 138
intellect 61
intelligent 61
intend 57
intention 57
interest 62, 130
interesting 62
internal 11
international 104
interpreter 70
interrogation 109
interrupt 78
intersection 135
interview 83
intestine(s) 11
into 186
introduce 90
invent 114
inverted comma 80
invitation 89
invite 89
invoice 129
iron 36, 123
ironic(al) 96
island 159
issue 84
it 2
its 132

J

jacket 33
jam 16
janitor 40
January 173
jazz 147
jealous 94
jealousy 94
jeans 33
jewel 38
jeweller 38
jewellery 38
job 115, 116, 117
job application 116
jogging 146
joint 119
joke 50
journalist 83
journey 137, 143
joy 50
judge 110
juice 22
July 173
jump 146
June 173
just 73, 111, 177
just as/like 68
justice 111

K

keep (well) 24
keep 134
keep quiet about 77
key 41
kill 108
kilo(gram) 128, 190
kilometre 190

kind 1, 91
kindergarten 85
king 100
kiosk 126
kiss 94
kitchen 24
knee 12
knife 25
knock 41
knock down 138
know 72, 90, 113
know about 77
knowledge 72

L

labourer 116
ladder 187
lady 84
lake 160
lamp 124
land 99, 140
landing 140
landlord 26
language 70
large 180
last 171, 177, 189
late arrival 139
late/later/latest 171, 172
laugh 50
law 110
law court 110
lawn 170
lawyer 110
lay 142
lazy 115
leaf 169
lean 28
learn 112

leather 34
leave 41, 134, 184
lecture 71
left 188
leg 12
leisure time 145
lemon 20
lend 134
length 171, 183
lesson 112
lessons 112
let 59
let s.o. know 77
letter 80, 81
letter-box 81
lettuce 19
liberal 102
library 82
lie 14, 76, 142
lie down 14
life 85
lift 40, 142
light 7, 27, 124, 128
lighter 27
lightning 155
like 59, 68, 93
like best 59
likeable 93
likeness 68
likewise 68, 176
liking 93
limb 12
lime 169
line 82, 180
lion 166
lip 8
lipstick 13
list 103
listen to 71
literature 149
litre 190

little 180, 188
live 47, 85
liver 11
living 1, 85
load 142
local authority 99
location 181
lock (up) 41
lock 41
locomotive 139
logical 61
lonely 89
long 171, 183
look 6
look after) 117
look at 6
look for 182
look round 143
look up 82
lorry 136
lose 145, 182
lose weight 28
loss 182
lost property office 182
loud 4
loudspeaker 151
love 94
low 155, 180, 188
lower 181
loyal 94
luck 50, 145
luggage 139
lunch 15
lung 11

M

machine 122
mad 95, 96

magazine 83
magnificent 153
mailman 81
main 62
main road 135
mainland 159
maintain 63
maize 163
majority 101
make 24, 117, 125
make a fool of o.s. 92
make a mistake 65
make an effort 118
make redundant 116
make secure 52
make up one's mind 57
make use of 122
male 84
man 84
manage 116
management 116
manager 116
manners 91
many (a) 2
map 158
March 173
margarine 16
mark 36, 80, 113, 130, 135
market 126
marmalade 16
marriage 87
married 87
marry 87
marvellous 153
marzipan 21
mass 56, 188
master 115
match 27, 146
material 37, 123
mathematics 112, 189

matter 1
mattress 14
maximum 188
May 173
may 59
maybe 65
mayor 103
meadow 170
meal 15
mean 70, 132
meaning 61, 66
means 130
means of transport 136
meanwhile 175
measure 190
measurement 190
meat 17
mechanic 122
medicine 31, 32
meet 89, 90
meeting 78, 89
melody 147
member 102, 116
member of parliament 101
member of the audience 150
memory 177
mention 74
menu 26
merchandise 125
message 74
metal 123
method 121
metre 190
midday 172
middle 180
midge 168
midnight 172
milimetre 190
military service 105

milk 22
mill 163
million 189
mind 61
mineral water 22
minister 56, 101
ministry 101
minor 85
minor detail 62
minor point 188
minority 101
minute 171
mirror 13
miserly 132
miss 139
mistake 65, 113
mistrust 95
misty 155
misunderstand 65
misunderstanding 65
mix 7
moan 51, 96
mockery 96
model 121
modern 178
modern languages 112
modest 91
moment 171
Monday 172
money 130
monkey 166
month 173
mood 49
moon 157
morality 54
morals 54
more 188
morning 172
mortal danger 52
most (of) 188
mostly 176

mother 88
mother tongue 70
mother-in-law 88
motor cycle 136
motorway 135
mountain 161
mountains 161
mourning 86
mouth 8, 164
move 47, 184
move in 47
move out 47
move up (a class) 113
movement 184
movie 151
movie theater 151
much 75
multiply 189
municipal 39
murder 108
murderer 108
muscle 10
museum 143
mushroom 169
music 112, 147
must 59
mustard 23
muzzle 164
my 132
myself

N

nail 12, 122
naked 35
name 84
namely 66
narrate 74
narrow 180

nationality 99
native language 70
natural 73, 123
nature 162
navy 105
near 181, 183
nearly 190
necessary 119
neck 3
necklace 38
need 125, 133
need (to) 59
negative 60
negotiation 78
neighbour 47
neither nor 73
nephew 88
nervous 96
nest 167
never 176
nevertheless 67
new 126
New Year 173
New Year's Eve 173
news 74, 151
newspaper 83
next 189
next to 181
next-door 183
nice 91
niece 88
night 172
nightdress 14
nil 189
nine 189
ninety 189
no 73
no one 2
noble 54
nobody 2
noise 4

noisy 4
noodle 17
normal 69
normally 176
north 186
nose 5
not 73
not only ... but also 74
note 80, 130, 177
nothing 2, 188
notice 62, 77
notify 74
nought 189
novel 149
November 173
now 175, 178
now and then 176
nowhere 181
number 189
numerous 188
nurse 31
nut 20

O

o'clock 171
oak 169
oath 110
obey 59
object 1
objection 64
objective 61
observe 6, 62
occasion 174
occupied 13
occupy (o.s.) 117
occur 174
ocean 159
October 173

of age 85
of course 73
of no importance 62
of today 178
of yesterday 177
off 184
offence 108
offend 96
offer 15, 116, 125
office 31, 80, 103
officer 105
official 103
often 176
oh! 51, 75
oil 124
ointment 32
old 85
old age 85
on 181, 185
on account of 64
on the left 186
on the one hand,
    on the other hand 68
on the right 186
on the road 184
on time 179
on working days 172
On your marks! 52
on-the-job training 115
once 176
one 2, 189
one-way street 135
onion 19
only 73, 189
open 41, 126, 130
opera 150
operate 31, 122
operation 31, 122
opinion 63
opponent 146
opportunity 174

opposite 68, 181
opposition 101
or 68
oral 80
orange 7, 20
orchestra 147
order 26, 45, 58, 125, 189
organ 11
organisation 116
organise 116
organize 45
original 62, 80
other 68, 189
otherwise 69
ought to 58
our 132
out of 186
outing 143
outrageous 92
outside 41, 181
over 181
over there 181
overtake 137, 185
overtime 117
own 132
owner 132

P

pack (up) 127
packaging 127
packet 127
page 82
pain 29
paint 7, 148
painter 148
painting 148
pair 189

pale 3
paper 113
paperback 82
papier 80
paragraph 110
parcel 127
pardon 97
parents 88
parish 99
parish priest 56
park 137, 170
parking meter 137
parliament 101
part (company) 90
part 188
particular 75
particularly 75
partner 119
party 89, 102
pass 113
passenger 141
passion 94
passive 115
passport 84
past 177, 186
pasture 165
path 135
patience 179
patient 31, 179
pavement 135
paw 164
pay 26, 129
pay attention 52, 62
pay in 130
PE 112
pea 19
peace 4, 107
peach 20
pear 20
pearl 38
pedestrian 136

pedestrian precinct 126
penalty 111
pencil 80
pension 131
people 2, 84, 99
pepper 23
per 176
percentage 130
perfect 153
performance 115, 150
perfume 13
perhaps 65
period 80
periodical 83
permission 59, 59
permit 59
person 84
personal 84
personality 98
persuade 58
petrol 137
petrol station 137
pfennig 130
philosopher 61
phone 79
photo 152
photograph 152
physics 112
piano 147
pick 170
pick up 187
picnic 143
picture 148
piece 188
piece of paper 80
pig 165
pigeon 165
pill 32
pillow 14
pilot 140
pine 169

pink 7
pious 55
pipe 27
pistol 106
pity 54
place 39, 181
plain 162
plaintiff 110
plan 46, 57, 158
plane 140
planet 157
plant 169, 170
plaster 32
plastic 123
plate 25
platform 139
play 145, 150
pleasant 50, 91
please 93, 134
pleasure 50
pliers 122
plug 124
plum 20
pocket 33
pocket-book 84
poem 149
poet 149
point 66
point of view 63
pointed 180
poison 108
police 109
police officer 109
policy 101
polite 91
political 101
politician 101
politics 101
pollution 162
poor 133
popular 91

population 99
port 141
portion 188
position 116
positive 59
possess 132
possibility 57
possible 59, 65
possibly 65
post 81
post office 81
postcard 81
postcode 81
poster 125
postman 81
pot 24, 25
potato 19
poultry 17
pound 128
pour 25
poverty 133
power 101
power station 124
practical 122
practice 31
praise 91
pray 56
prayer 56
precious stone 38
prefer 57, 59
prejudice 65
prepare 117
prerequisite 67
prescribe 32
prescription 32
present 89, 134, 178, 181
presentation 74
president 100
press 83, 122
presume 63, 67

presuppose 67
pretext 76
pretty 37, 153
prevent (s.o. doing s.th.) 119
prevent 60
price 129
priest 56
print 82
print(ing) 82
printed matter 81
priority 135
prison 111
prisoner of war 107
private 84
probable 65
probably 65
problem 63
procedure 121
process 121
produce 121
product 121
production 121
profession 115
professional 146
professor 114
profit 131
programme 151
progress 114
project 57
promise 179
pronounce 71
proof 64
property 132
propose 58
prospectus 125
protect 52
protection 52
protest 60
protestant 56
proud 98

prove 64
proverb 61
provisional 175
proximity 183
pst! 71
psychology 49
pub 26
public 98
public holiday 56
public prosecutor 110
public servant 103
publish 82
pull 142
pullover 33
punctual 179
punish 111
punishable 108
pupil 112
purchase 125
purpose 57, 66
push 142
put 41, 142
put on 35
put on make up 13
put on weight 28
put out 48
put through 79
put up one's hand 112
put up with 97
puzzle 77
pyjamas 14

Q

quality 49, 125
quantity 188
quarter 189
quarter of an hour 171
question 72

question mark 80
quick 185
quick at repartee 78
quick-witted 78
quiet 4
quite 75 190

R

rabbit 166
radio (station) 151
radio 151
raid 108
rail 139
railroad 139
railway 139
rain 155
rare 69
rarely 176
rate 131
rather 190
raw 24
raw material 123
razor 9
reach 120
react 97
reaction 97
read 82
reader 82
ready 117
real 61
realistic 61
reality 61
realize 77, 117
really 76
realtor 47
reason 61, 64
reason(s) 64
reasonable 61, 91, 129

receipt 129
receive 134
receiver 79
recently 177
reception 84, 90, 144
recipe 24
recipient 81
recognize 6
recommend 125
record 146, 147
recover 31
red 7
red currant 20
refer 67
referee 146
reflect 61
reform 101
refugee 107
refusal 60
refute 64
region 99, 162
register 84
registered letter 81
registration 84
registry office 87
regret 51, 54, 97
regular 69
regularly 176
regulate 69
regulation 103
reject 60
rejection 60
related 88
relation 88
relationship 93
relative 88
relax 118
relaxation 118
reliable 115
religion 55, 56, 112
religious festival 56

rely 93
remain 184
remaining 188
remedy 32
remember 177
removal 47
renew 84
rent (from s.o.) 47
rent (to s.o.) 47
rent 47
rental 47
repair 122
repeat (a year/class) 113
repeat 74
repent (of) 54
reply 103
report 74, 109, 113
reporter 83
representative 125
reproach 96
republic 100
reputation 98
request 58
rescue 52
research 114
resemblance 68
reservation 60
resistance 60
resolve 63
resonable 125
respect 98
responsibility 116
responsible 116
rest 4, 118, 188
restaurant 26
result 120
return 184
revolution 100
rice 19
rich 132
riddle 77

ride 165
ridiculous 50
rifle 106
right 64, 110, 113
ring (up) 79
ring 38
ring the bell 41
rinse 25, 36
ripe 20
risk 52, 53
river 160
road 135
roast 17, 24
rock 147, 161
role 150
roll 16
roof 40
room 42, 144, 180
root 169
rose 170
roughly 190
round 180, 186
row 141, 189
rubbish 45
rule 69, 101
rule out 57
rumour 77
run 116, 185
run over 138
runner 146
rust 123
rye 163

S

sad 51
safe 52
safety 52
safety belt 138

sail 141
sailor 141
salad 19
salary 131
salesperson 125
salt 23
salty 23
sardine (in oil) 18
satisfied 50
Saturday 172
sauce 17
saucepan 24
sausage 16, 17
save 52, 132
savings bank 130
say 71, 84
say goodbye 90
say nothing 71
say thank you 134
scales 128
scarce 188
scarf 34
scent 5
schnapps 22
schnitzel 17
school 112
school report 113
school year 112
science 114
scissors 37
screw 122
sea 159
seagull 167
season 144, 173
seasoning 23
seat 43
seat belt 138
second 171, 189
secret 77
secretary 80
section 82, 110

see 6, 143
seem 63, 65, 174
seize 109
seldom 176
select 57, 125
self 84
self-confidence 53
self-employed 115
sell 126
semester 114
semi-colon 80
send 81
sender 81
sense 61, 66
sense of community 119
sensible 61, 91
sentence 70, 111
separate 61
September 173
series 121, 189
serious 51
serve 26, 122, 126
service 56
service station 137
session 101
set off 184
seven 189
seventy 189
sew 37
sewing machine 37
shade 7
shadow 7
shallow 160
shame 98
shape 1
share out 134
sharp 25
shave 9
she 2
sheep 165
sheet 14

shelf 43
shift 117
shine 154
ship 141
shirt 33
shock 53
shoe 34
shoemaker 34
shoot 106
shop 126
shop assistant 126
shop window 126
short 171, 183, 188
short-sighted 6
shot 106
should 58
shoulder 10
shout 71
show 182
shower 13
shrub 169
shut 41
sick 29
sick person 29
sickness 29
side 180
sidewalk 135
sight 6, 143
sign 81, 135, 182
signature 81
silence 4
silent 4, 71
silly 50, 61
silver 38
similar 68
simple 63
simultaneously 175
sin 54
since 177
sincere 76
sing 147

singer 147
single 87, 189
sink 187
sister 88
sister-in-law 88
sit 43
sit down 43
sitting 101
situation 174, 181
six 189
sixty 189
ski 156
skiing 156
skin 10
skirt 33
sky 157
slaughter 165
sleep 14
sleeve 33
slight 188
slim 28
slippery 122
sloping 180
slow 115, 185
small 180, 188
small parcel 127
smart 37
smell 5
smell nice 5
smile 50
smog 162
smoke 27, 48
smoker 27
smooth 122
snail 168
snake 168
sneeze 30
snout 164
snow 156
so 64, 67, 68, 75
so long as 175

so much 188
so that 57, 67
soap 13
sober 22
social 133
socialist 102
society 98
sociology 112
sock 34
socket 124
sofa 43
soft 14, 24
soldier 105
soldier killed in action 107
sole 188
solution 63
solve 63
some 2, 189
someone 2
something 2
sometimes 176
son 88
son-in-law 88
song 147
soon 175
sort 1
soul 55
sound 4
sound the horn 137
soup 17
sour 23
source 160
south 186
souvenir 143
sow 163, 170
space 180
spaghetti 17
sparkling wine 22
sparrow 167
speak 71

special 69, 75
specialist 115
specially 75
speech 71
speed 185
speed limit 137
spell 80
spend 132, 174
spend the night 144
sphere 180
spice 23
spider 168
spirit 22
splendid 153
spoon 25
sport 112, 146
sportsman 146
sporty 146
spot 36
spring 173
spruce 169
square 135
square metre 190
stadium 146
stag 166
stain 36
stair 40, 187
staircase 40, 187
stairs 40, 187
stamp 80, 81
stand 43
stand in for 116
stand still 185
stand up 43
standing 98
star 151, 157
start 117, 137, 146, 175
state 1, 99
state(-owned) 99
statement 66, 109
station 139, 151

stay 144, 184
stay in bed 14
steak 17
steal 108
steel 123
steep 187
step 40, 136, 187
stew 17
stick 127
stink 5
stock 127
stocking 34
stomach 10, 11
stone 161
stop 119, 137, 139, 175, 185
store 127
storey 40
storm 155
story 149
stove 24, 44
straight 180
straight on 186
straightaway 175
strange 62, 90
strawberry 20
street 135
strength 28
stress 71, 118
strike 116
string 127
strong 28
student 112, 114
studies 114
studio 151
study 114
stupid 61, 96
subject 112
submarine 106
succeed 120
success 120

such   68, 75
suddenly   175, 179
suffer   29
sugar   23
suggest   58
suggestion   58
suit   33
suitcase   139
sum   189
summarise   74
summary   74
summer   173
sun   154, 157
Sunday   172
supermarket   126
supper   15
supply   125
support   119
suppose   63
supposedly   65
supposition   63
surface   180
surgery   31
surprise   75, 179
surrounding area   39
suspect   63
suspicion   63, 109
swan   167
swear   110
sweat   154
sweater   33
sweep   45
sweet   21, 23
sweet corn   163
sweets   21
swim   159
swimmer   159
switch   122, 124
switch off   124
switch on   124, 151
syllable   70

sympathy   54
system   121

T

table   43
tablet   32
tactless   92
tail   164
take (time)   171
take   134, 142
take account   of   64
take away/off   189
take badly   97
take care   (of)   117
take effect   32
take notice of   62
take off   140
take on/over   116
take part   89
take place   174
take revenge   97
take trouble   118
takings   131
talk   71, 78
tall   180
tank   106
tanker   141
tap   13
task   112
taste   23, 153
tax   131
tax office   131
taxi   136
tea   22
teach   112
teacher   112
teaching   112
team   119, 146

tear   51
technical   122
technique   122
technology   122
telegram   81
telephone   79
telephone book   79
telephone box/booth   79
telephone   call   79
television   (set)   151
television   151
tell   71, 74
temperature   30, 154
temporary   175
temporary job   117
ten   189
tenancy   47
tenant   47
tender   24
tennis   146
tent   144
term   70, 114
terrace   40
terrible   53
test   113
text   82
than (comparative)   68
thank   134
thank you   134
thanks   134
that   2, 67, 182
the day after tomorrow   179
the day before yesterday   177
the matter   29
the most   2
the other day   177
the same   68
the very   2
the whole thing   188

theatre 150	tidy up 45	topical 178
theft 108	tidyness 45	total 188
their 132	tie 33	touch 12
then 175, 177	tiger 166	tour 143
there 181	tight 37	tourist 143
therefore 64, 67	tile 46	tourist office 143
thereupon 57	till 129, 175	tow away 138
they 2	time 171, 189	towards 186
thick 180	time of day 172	towards me/here 184
thief 108	times 189	towel 13
thin 28, 180	timetable (directory) 139	town 39
thing 1		town/city plan 39
think 61, 63, 153	timetable 139	townhall 103
think about 61	timid 53	toy 145
think of 61	tin 24, 123, 127	track 135, 139
third 189	tip 26, 77	trade 125
thirst 22	tired 14, 118	trade union 116
thirsty 22	tiring 118	tradesman 115
thirteen 189	title 82, 98	tradition 177
thirty 189	to 57, 181, 183, 186	traffic 136
this 182	to be precise 67	traffic jam 137
this is why 64	to the left 186	traffic light 135
though 67, 76	to the right 186	traffic sign 135
thought 61	tobacco 27	train 115, 139, 146
thousand 189	today 178	trainee 115
threaten 52	today's 178	training 115, 146
three 189	toe 12	tram 139
thrifty 132	together 89, 119	transfer 130
thriller 151	toilet 13	translate 70
thrilling 151	tolerant 54	translation 70
throat 3	tolerate 97	transmission 151
through 186	tomato 19	transport 142
throw 142, 145	tomorrow 179	travel 143
thumb 12	tongue 8	travel agency 143
thunder 155	too little 188	tread 136
thunderstorm 155	too much 188	treat 31
Thursday 172	tool 122	treatment 31
ticket 139, 140	tooth 8	treaty 104
ticket inspector 139	toothbrush 13	tree 169
ticket office 139	toothpaste 13	tremble 53
tidy 45	topic 82	trend 37

trial 110
triangle 180
trick 76
trip 137, 143
trouble 95, 118
trousers 33
trout 18
truck 136
true 72, 76
trumpet 147
trunk 169
trust 93
truth 76
try 23, 120
try on 37
tube 127
Tuesday 172
tulip 170
turn 58, 137
turn down 60
turn off 124, 186
turn on 124, 151
twelve 189
twenty 189
twenty-one 189
twenty-two 189
twig 169
two 189
two billion 189
two hundred 189
two hundred and ten 189
two million 189
two thousand 189
type 1
typewriter 80
typical 69
tyre 137

U

ugly 153
umbrella 155
uncle 88
unclear 66
under 181
under age 85
understand 66, 77, 93
underwear 36
undress 35
unemployed 116
unemployed person 116
unfamiliar 90
unfortunately 97
unhappiness 51
uniform 105
unimportant 62
university 114
unnecessary 188
unpack 127
until 175
unusual 69
up 187
up to now 175
up(wards) 187
urgent 58
use 122, 124
useful 119
usual 69
usually 176

V

valid 84
valley 161
value 129
various 68
vase 170

vegetable(s) 19
vegetarian 15
vending machine 122
verdict 111
vertical 187
very 64, 74
very much 75
vicar 56
vicinity 183
victory 107
video 151
view 63
village 39
vinager 23
violence 108
violin 147
visa 104
visit 89
voice 71
vote 101, 102
voter 102

W

wage rate 131
wage(s) 131
wait 179
wait on 26
waiter 26
waiting room 31
waitress 26
wake 14
wake up 14
walk 136, 143
wall 42, 46
wallet 84
wallpaper 42
want (to) 57
want 134

war 107
warm 24, 44, 91, 154
warmth 44
warn 52
wash 13, 36
wash up 25
washbasin 13
washing 36
washing machine 36
washing powder 36
watch 6, 150, 171
Watch out! 52
watch TV 151
water 13, 159, 170
wave 90
way 135, 183
WC 13
we 2
weak 28
wealth 132
weapon 106
wear 35, 142
weather 154
weather forecast 154
wedding 87
wedding ring 87
Wednesday 172
weed 170
week 172
weekday 172
weekend 172
weekly 172
weep 51
weigh 128
weight 128
welcome 90
well 28, 50
well-behaved 91
well-being 50
well-known 148
west 186

wet 159
what ...? 72
whatever happens 75
wheat 163
wheel 137
when 175, 176
where 181
where from 181
where to 181
whether 72
which ...? 72
while 175
whisper 71
white 7
white-collar worker 116
Whitsun 56
who ...? 72
why 64
wicked 54
wide 180
widow 86
widowed 86
width 180
wild 166
will 57, 86
wilted 170
win 145
wind 155
window 41
wine 22
wing 167
winner 146
winter 156, 173
wipe 45
wire 123, 124
wise 61
wish (for) 134
wish (to) 57
wish 57, 81, 134
with 119
withdraw 130

without 133
witness 110
woman 84
wood 169
wool 37
word 70, 78
work 32, 117, 122, 149
work experience 115
work out 120, 189
work well 115
worker 116
worker participation 116
working 115
works 121
works council 116
workshop 121
world 157
worry 51
wound 30
wounded (man) 107
wounded person 30
wrap up 127
wrapping 127
write 80
write down 80
writer 149
writing 80
written 80
written confirmation 103
wrong 113

X

X-ray 31

Y

yard 40
year 173
yellow 7
yes 73
yesterday 177
yesterday's 177
you 2
young 85
young person 85
your 132
youth 85

Z

zero 189
zip code 81
zoo 166